OS FIOS DO TEAR

Romance

Wilson Frungilo Júnior

Capa:

Daniel Oswaldo Archangelo

1ª edição - 10.000 exemplares – abril/2000

FICHA CATALOGRÁFICA

(Preparada na Editora)

Frungilo Júnior, Wilson, 1949-

F963f *Os fios do tear* / Wilson Frungilo Júnior, Araras, SP, IDE, 1ª edição, 2000.

320 p.

ISBN 85-7341-272-0

1. Romance 2. Espiritismo. I. Título.

CDD -869.935
-133.9

Índices para catálogo sistemático:

1. Romance: Século 20: Literatura brasileira 869.935
2. Espiritismo 133.9

Índice

PORTUGAL, SÉCULO XIX (1.862)

I

– Pare aqui, Manoel, e espere-me com o coche naquela rua, logo ali atrás. Procure não chamar a atenção. Devo voltar dentro de uma hora, aproximadamente.

– A senhorita vai mesmo entrar aí?

– Já conversamos sobre isso, Manoel. Você é o meu homem de confiança e sabe que poderá sempre contar comigo quando precisar de alguma coisa. Aliás, já teve provas disso. Sempre soube recompensar a sua lealdade.

– Sei disso, patroa, mas temo por sua saúde.

– Tenho que fazê-lo, Manoel. Você conhece papai. Apesar de preocupar-se quase que exclusivamente com suas vinhas, é muito rigoroso nesse assunto. Posso ser expulsa de casa.

– Eu entendo perfeitamente e vou ficar orando pela senhorita.

– Obrigada, Manoel. E lembre-se: quando tudo terminar, uma das moças irá avisá-lo. Você, então, virá apanhar-me aqui.

– Farei o que me pede.

Solange, uma bela moça de vinte e dois anos, filha de rico produtor de vinhos em Portugal, entra pelos fundos de suspeita casa, localizada no centro de grande cidade portuguesa. Tudo já se encontra devidamente preparado, pois não havia medido os gastos para que aquela empreitada tivesse pleno êxito. Já na porta, uma linda rapariga, trajando provocante vestido, a aguarda.

– Venha, Solange. Siga-me por este corredor e procure não fazer barulho. Dona Hortência está esperando por você. Mais três meninas montam guarda nas portas para que ninguém transite por onde estamos e venha a surpreendê-la aqui. Mas apresse-se. As meninas não podem permanecer por muito tempo em suas posições. A casa está cheia de fregueses hoje.

– Vamos, então.

Os fregueses a quem ela se refere são homens que ali procuram satisfazer os seus apetites carnais através dos favores das moças que trabalham sob as ordens de Hortência, proprietária daquela casa de permissividade, ou melhor dizendo, um fino e rico prostíbulo, onde as moedas de ouro tilintam pelas alcovas daquela construção.

– É aqui. Entre, Solange. Dona Hortência a espera.

A moça entra, decidida, no quarto. A mulher lhe sorri

amável, enquanto mais três mulheres cuidam de forrar uma cama com alvas toalhas.

– Aproxime-se, meu bem – convida a mulher. – Tire suas roupas e deite-se por debaixo dos lençóis.

As mulheres, então, estendem um pano branco, ricamente bordado, à frente de Solange, à guisa de biombo, afim de preservarem a sua nudez, enquanto ela se despe e deita-se.

– Vocês duas, – ordena Hortência – segurem as mãos e pernas da menina, na posição que já sabem.

– Sim,senhora – respondem.

– Agora, relaxe, meu bem. Não vai doer quase nada. A bacia de água quente... – pede a mulher a uma de suas ajudantes.

– Meu Deus! – grita Solange quando Hortência introduz-lhe estranho objeto flexível. Um grande choque também é sentido pelo feto ao ser-lhe retirada a vida ao contato do assassino instrumento. Mais um aborto ocorria dentro daquelas paredes. Mais uma vez, sangue inocente tingia toalhas naquela cama, qual um altar de sacrifícios.

* * *

– Você não podia ter feito isso, Solange! – revolta-se Osório, indignado. – Não podia! O filho era meu também!

– E o que você queria que eu fizesse?! Que deixasse meu pai expulsar-me de casa?!

– Eu lhe disse que fugiríamos e eu me casaria com você. Poderíamos ser muito felizes. Eu, você e o bebê.

Osório é um dos empregados do pai de Solange, com o qual ela se encontra às escondidas, apenas para satisfazer seus desejos femininos, pois o rapaz não passa de um simples camponês. Solange sabe também que ele é um mau elemento, sempre metido em brigas, jogo e pequenos golpes que aplica em ignorantes vítimas com o intuito de extorquir-lhes algum dinheiro. Ela o engana dizendo amá-lo e o moço, apesar de sua índole má, encontra-se perdidamente apaixonado, acreditando cegamente em suas palavras.

– Como você é tolo, Osório. Então, acreditava mesmo que eu fugiria com você? Está louco?! Sou uma moça rica, tenho tudo o que quero, tenho muitos homens aos meus pés. Você acha que eu iria entregar a minha vida, a minha felicidade em suas mãos? Papai não iria concordar nunca.

– Mas, Solange, você me disse que falaria com ele sobre o nosso amor. Apenas propus-lhe fugirmos porque estava grávida e isso seu pai não perdoaria. Quanto ao nosso amor, você prometeu-me falar com ele.

– Eu o enganei, Osório – confessa Solange, arrogante – Não posso casar-me com você. Entenda isso. Você é pobre, ignorante. Como poderia freqüentar a corte com você ao meu lado?

– Você dizia me amar...

– Nunca o amei, Osório.

– Mas por que me enganou por todo esse tempo?

– Gosto de enganar as pessoas, meu bem - responde a moça, friamente. - Você não foi o primeiro e nem será o último.

Solange, então, descarrega toda a sua maldade. Gosta de ver as pessoas sofrerem por ela. Gosta de ver a angústia estampada no rosto de seus admiradores.

– Não posso acreditar no que está me dizendo. Não posso crer que essas palavras estejam saindo de seus lábios. Diga-me que é mentira, Solange. Diga-me que tudo não passa de uma brincadeira de mau gosto. Eu a amo e você...

– Ora, cale-se! – grita a moça sem nenhuma compaixão – Vá embora e não me apareça mais por aqui. Esta é a casa de seus patrões. Volte para a colônia e fique lá onde é o seu lugar. Não se aproxime mais de mim. Já me serviu o suficiente.

– Solange, você dizia me amar... – ainda insiste o rapaz, não acreditando estar vivendo tudo aquilo.

– Pois, agora, o odeio, Osório. Não sabe o quanto sofri nas mãos daquela mulher. Pensa que abortar é fácil?!

– Não fale assim comigo, Solange! – grita o rapaz, agora revoltado e com ódio por ter sido enganado daquela maneira. Também não se conforma com o fato de sua amada ter abortado o seu filho – Você é cruel! Sabe o que mais?! Você é uma assassina! Assassina é o que você é. E sabe o que vou fazer?! Vou contar tudo ao seu pai.

– Você não vai fazer isso, Osório!

– Vou, sim, Solange. Vou contar tudo a ele. A menos que me dê uma grande quantia em dinheiro em troca do meu silêncio.

– Não vou lhe dar dinheiro algum. E, se quer saber, meu pai não vai acreditar em você.

– Acreditará quando você for examinada por um médico. Você não é mais virgem, Solange! Você não é mais virgem! E seu pai vai ficar sabendo. Assim que ele voltar da viagem, eu lhe contarei. Assassina! – grita o rapaz, enlouquecido pelo sofrimento, agora transformado em ódio e revolta.

– Mas o que está acontecendo?! – brada Manoel, chegando ao local, atraído pelos gritos. Manoel é um dos empregados do pai de Solange e que tem a incumbência de servi-la.

– Leve esse homem daqui, Manoel. Invadiu os limites de minha casa. Leve-o para a colônia. Se for preciso, chame outros homens.

– Não será preciso, Solange. Eu vou, mas lembre-se: quando seu pai chegar, ele saberá de tudo. Aliás, vou aguardá-lo na cidade. A não ser que me dê o que lhe pedi.

– Vá embora! Vá embora! – grita a moça.

– Você ouviu, moço! – ordena Manoel, no que é obedecido pelo rapaz, que se afasta rapidamente.

– Manoel – diz Solange – Quero falar com o tenente Amaro. Vamos até a cidade. Prepare o coche.

– Sim, patroa.

* * *

– Mas que agradável surpresa, Solange. A que devo tão honrosa visita?

– Amaro, preciso de um grande favor seu.

– Seus desejos são uma ordem para mim, Solange.

– Você conhece algum capitão de navio que poderá fazer-me um serviço? Ele será muito bem pago por isso – pergunta Solange, que prefere gastar uma só vez por um favor do que aprisionar-se a Osório que, fatalmente, não se contentará com uma simples e única paga. Conhece muito bem o rapaz.

– Conheço alguns, sim.

– Algum navio parte hoje de Portugal?

– Deixe-me ver – responde Amaro, consultando alguns papéis.

– Parte um para o Brasil. Posso falar com o capitão, mas de que se trata?

– Quero que ele leve uma encomenda no porão.

– Clandestina?

– Clandestina.

– É muito grande o pacote?

– Não é um pacote.

– Não? O que é, então?

– Um homem.

– Um homem?!

– Sim, um homem. Muito bem amarrado e amordaçado.

* * *

Em alto mar...

– Você comportou-se muito bem, meu rapaz. E teve muita sorte de estar neste navio. O capitão tem um coração muito generoso. Recebeu a paga pelo serviço e o está cumprindo como combinado. Fosse outro e você, há muito tempo, já teria servido de comida aos tubarões.

– Diga-me, homem, por favor, o que está acontecendo?! Faz dias estou abandonado no porão deste navio e não tenho visto ninguém. Jogam comida por aquele buraco. Quem está por trás disto tudo? O que irão fazer comigo? – pergunta Osório, desesperado.

– Bem...você já está chegando ao seu destino: o Brasil.

– O Brasil?! E por quê?! Por que estão me trazendo para cá à minha revelia? O que querem de mim?

– De você, nada, meu rapaz. Aliás, o capitão está louco para vê-lo pelas costas.

– Não estou entendendo. Estão querendo me enlouquecer? O que está acontecendo, homem?

– Você vai ser solto e abandonado em qualquer rua escura da cidade onde vamos aportar. Esta noite, mesmo.

– Vão abandonar-me no Brasil?!

– Essas são as ordens.

– Mas quem tem interesse nisso? – pergunta Osório, ao mesmo tempo em que teme pela resposta que, desde que foi tirado à força de sua casa, não lhe sai da cabeça.

– Bem... acho que agora já não faz mal revelar-lhe.

– Fale, homem.

– Foi uma moça. Uma linda moça que pagou muito bem ao capitão para trazê-lo.

– Solange...! Não posso crer.

– É esse mesmo o nome.

– Meu Deus...quanta maldade! Como pude ser tão cego?! Maldita! Ficou com medo que eu contasse tudo a seu pai e não teve piedade de mim. Afastou-me de meus pais, jogando-me num país desconhecido. Mas eu me vingarei! Eu me vingarei! Homem, você tem que me ajudar a voltar para Portugal!

– Nem pensar, moço. Nem pensar. Adeus.

– Espere! Volte aqui! Me ajude! Me ajude! Maldita Solange! Eu me vingarei! Eu me vingarei!

O navio atraca e, na calada da noite, Osório é levado, ainda amarrado e amordaçado, a um beco escuro onde, após livrá-lo das cordas, fazem-no beber boa quantidade de bebida alcoólica, batendo-lhe, em seguida, na cabeça, desacordando-o.

II

– Ai que dor...! – geme Osório ao acordar no beco escuro em que foi atirado. Ainda é madrugada – O que está acontecendo? – pergunta-se, ainda meio tonto por causa da pancada que recebeu e pela bebida ingerida. De repente, toda a lembrança lhe vem à mente e o rapaz dá um grito: – Nããããããão! Nãããão! Não pode ser verdade! Isto não pode estar acontecendo comigo! Não pode! Minha mãe...meu pai...como devem estar sofrendo. Já faz dias que me tiraram de casa. O que eu faço, agora?! – desespera-se, descontrolando-se, sem conseguir conter as lágrimas – Quem irá me ajudar? Não conheço ninguém...será que as autoridades? Sim, as autoridades. Vou procurar as autoridades. Alguém tem que me ajudar.

Levanta-se e, perguntando a um e outro transeunte solitário, consegue chegar a um posto policial, onde tenta explicar a um soldado a sua desventura, porém é tratado e expulso com rispidez:

– Saia daqui, seu bêbado! Saia já daqui!

O soldado havia sentido o seu forte hálito de bebida.

– E não torne a voltar ou será trancafiado junto com os piores desta cadeia. Ainda teve sorte de o capitão não estar aqui. Ele tem verdadeiro ódio de bêbados. Caia fora e não volte mais!

Osório sai da delegacia cambaleante e mais revoltado do que nunca.

– Ainda vou encontrá-la novamente, Solange. Farei com que sofra tanto que pedirá a morte como caridade! Você não perde por esperar! Meu Deus, por que permitiu que isso acontecesse comigo?! Por quê?! – pensa, revoltado e com muito ódio – E sei que não irá ajudar-me. Ninguém irá ajudar-me. Todos me tratarão como um animal, como fez aquele maldito soldado. Por isso, de agora em diante, agirei dessa maneira: como um animal! Você transformou-me num animal, Solange! Foi como um animal que fui trazido para cá naquele porão úmido e fedorento e é como um animal que a encontrarei. Você não perde por esperar!

Osório sente fome, frio e sede.

– E vou começar a transformar-me num animal, hoje mesmo! – diz para consigo mesmo, com os olhos injetados de ódio, revolta e desejo de vingança, ao avistar um homem que se aproxima, solitário, bem vestido, certamente vindo de alguma casa noturna. Osório apanha, então, um pedaço de pau que encontra à beira da calçada e, aproximando-se sorrateiramente do transeunte, desfere-lhe violenta pancada na cabeça, desfalecendo-o. Apalpa os bolsos do desconhecido e tira-lhe a bolsa, recheada de dinheiro. Rouba-lhe também um grande anel de ouro, com um rubi no centro, e o paletó, que veste pelo avesso para não ser reconhecido. Afasta-se correndo e, quando vê mais pessoas, passa a caminhar calmamente a fim de não atrair a atenção. Caminha por algumas horas até avistar um bar onde entra e aplaca a fome e a sede, procurando, depois, um lugar para dormir, encontrando-o nos fundos de um grande depósito no cais, onde se aproveita de um momento de distração do vigia. Adormece rapidamente e, após cerca de meia hora de sono, acorda sobressaltado: – Minha mãe! Minha mãe! – chama – Deve ter acontecido alguma coisa com mamãe!

Recosta-se novamente num fardo e chora copiosamente de saudade dos pais, ao mesmo tempo em que fere a palma das mãos, tamanha a força com que lhes crava as unhas, movido pelo ódio devastador que lhe vergasta o peito. Este, o maior dos ódios, proveniente de um grande amor.

– Vou vingar-me! Vou vingar-me! – é só o que consegue pensar.

Mas não é à toa que o rapaz acordou sobressaltado. Havia sentido, mesmo à grande distância, os pensamentos de muito amor, saudade e desespero que a mãe querida lhe endereçara no crucial momento de sua morte, vítima que foi de forte pneumonia. Amália, esse era o seu nome, já vivia um pouco debilitada fisicamente por causa de uma infecção pulmonar. E agora, com o que aconteceu com o filho, retirado brutalmente de seu lar, trazendo-lhe grande angústia e desespero, pouco se alimentava, agravando-lhe o quadro clínico da doença, vindo a desencarnar naquela noite, naquele exato momento, com o pensamento em Osório. Célio, seu marido e pai de Osório também não consegue reequilibrar-se com tanta desgraça. Procurara a polícia pedindo ajuda, porém as autoridades não acreditaram quando disse que soldados roubaram-lhe o filho. Ameaçaram-no de prisão se porventura continuasse com essas acusações contra o tenente Amaro.

– Onde estará você, filho querido? Tão moço, ainda...tão cheio de vida...meu Deus....não vou agüentar. Meu filho raptado como um animal, minha Amália morta. O que farei? Me ajude, meu Deus.

* * *

O tempo passa e encontramos um Osório bem pior. Sempre movido pelo ódio contra tudo e contra todos, vai seguindo o seu caminho de roubos e assaltos. Também não está mais sozinho. Quatro rapazes juntaram-se a ele, formando pequena quadrilha de assaltantes. Para morar, encontraram um esconderijo perfeito: os porões de uma casa abandonada. A revolta de Osório é tanta que nem o soldado que o expulsara naquela primeira noite em que chegara ao Brasil é poupado. Suas armas lhe são roubadas já na segunda noite. Osório é o chefe do pequeno grupo e fica com a maior parte dos roubos. Sua meta, e isso os outros rapazes desconhecem, é juntar dinheiro suficiente para retornar a Portugal e vingar-se de Solange. Esse é o seu primeiro pensamento. Somente depois disso concretizado é que pretende procurar pelos pais.

Um ano se passa e Osório embarca para Portugal na terceira classe de um navio de passageiros. Não vê a hora de colocar os pés em seu país natal. Tem tudo bem planejado em sua mente. Todos os detalhes. Tudo muito bem arquitetado. A mala que carrega consigo possui tudo que necessita. Já sabe a data e como realizará a sua vingança. Solange, por sua vez, modificara-se completamente. Desde que, movida pelo medo, convencera o tenente Amaro a cometer tão bárbara atitude contra Osório, já não é mais a mesma. A consciência começara a pesar-lhe enormemente. Não consegue mais dormir direito, tendo horríveis pesadelos, sonhando sempre com o rapaz passando por inúmeras dificuldades, sozinho num país desconhecido e, conseqüentemente, com muitas saudades de seus pais, pois sabe que, apesar de sua má índole, a eles era muito ligado. Procurara por diversas vezes o tenente na tentativa de que ele conseguisse localizar Osório através de algum outro capitão que viajasse para o Brasil. Amaro também se sente muito arrependido de ter cedido aos caprichos da moça por quem sempre esteve apaixonado e sofre igualmente pelo ato cometido. Porém, não tem a mínima idéia de onde Osório fora abandonado, pois o navio que o levara não possuía mais aquele capitão e nem os mesmos homens que, conforme ficou sabendo, haviam sido enviados em missão numa das colônias de Portugal. Solange se abate mais ainda quando procura os pais de Osório na tentativa de auxiliá-los em suas dores e fica sabendo da morte da mulher e do desaparecimento de seu esposo. Realmente, Solange é outra pessoa. Seus pais, Rodrigues e Idalina, tudo fazem para saber o porquê da grande depressão que toma conta da filha, mas nada conseguem. Neste momento é cortejada pelo tenente Amaro, que tudo faz para que ela se esqueça desse episódio.

Neste momento, o navio que traz Osório já se aproxima do cais em Portugal e Solange cuida dos últimos preparativos de um grande baile que todos os anos realiza em sua casa na fazenda, em comemoração ao seu aniversário que se dará dali a exatamente uma semana. Será, a exemplo dos famosos bailes de Veneza, um baile de máscaras. Mas ao contrário das tantas festas realizadas em sua homenagem, desta feita apenas para agradar à mãe, procura colaborar na preparação do grande acontecimento, tudo fazendo maquinalmente, com o coração apertado pelo cruel arrependimento.

* * *

O baile corre bastante animado. O enorme salão é pequeno para conter tantos convidados que se espalham pelos terraços e jardim do casarão. Os convidados portam máscaras que lhes cobrem o rosto ao redor dos olhos e parte do nariz, com exceção da boca. Para ali entrarem, têm que apresentar convite no portão da casa onde um porteiro faz a averiguação da sua autenticidade. Todos encontram-se muito alegres e Solange faz o que pode, atendendo e conversando com os presentes, bem como procurando distrair-se, tentando adivinhar quem se esconde por detrás das máscaras, aliás, esse o maior divertimento desse tipo de festa. De repente, um esbelto rapaz mascarado, todo vestido de negro, chama-lhe a atenção por seu tipo um tanto rude e másculo, diferente um pouco dos que comumente freqüentam o baile. Ele não lhe tira os olhos de cima. Aproxima-se, curiosa.

– Boa noite, eu o conheço? – pergunta-lhe, pois muitos dos convites não são por ela distribuídos e, sim, pelos seus amigos que escolhem a dedo quem irão convidar.

– Creio que não, senhorita Solange – responde Osório por detrás da máscara, disfarçando muito bem a voz, para não ser reconhecido.

– Seu nome?

– Que interesse tem um nome? – responde-lhe com uma pergunta.

– Mas você já sabe o meu.

– E quem não sabe o nome da mulher mais bonita deste lugar?

– Você já me conhece?

– Sim, há muito tempo.

– Mas agora estou de máscara.

– Não será uma simples máscara que irá esconder a sua beleza, Solange. A sua formosura é como uma luz a ofuscar os corações de quem tem a felicidade ou a infelicidade de conhecê-la.

– Infelicidade? Por quê? – pergunta, divertindo-se com as palavras do rapaz, o que a faz esquecer-se um pouco da tristeza que tem no coração. Sente-se lisonjeada.

– Infelicidade pelo fato de não poder tê-la nos braços, Solange.

– Você é muito galanteador, senhor...

– Chame-me de Justo – mente Osório, ironicamente.

– Justo? Bonito nome – diz Solange, agora pouco interessada no mascarado e perdendo, de repente, a mínima vontade de continuar aquela conversação.

Percebendo isso, o desconhecido muda completamente o rumo da conversa, fazendo-lhe uma pergunta que a faz estremecer pela lembrança.

– A senhorita, por acaso, conheceu um rapaz de nome Osório que morava nesta vinha?

– Osório?! – exclama a moça, assustada.

– Sim, Osório.

– Eu conheci um rapaz com esse nome, mas por que me faz essa pergunta?

– É que...bem – balbucia o mascarado, olhando para os lados para verificar se ninguém os estava escutando – ...tenho notícias dele.

– Você o conhece?!

– Sim. Encontrei-o no Brasil.

– E então...

– Ele mandou-lhe um recado.

– Meu Deus! E como está ele? Em que lugar se encontra? Preciso muito encontrá-lo.

– Olhe...eu não gostaria de conversar aqui. Não existe um outro lugar em que poderíamos conversar mais tranqüilamente?

– Sim. Vamos até o jardim – sugere a moça, ingenuamente.

– Dê-me o braço, então.

Caminham, então, em direção a umas árvores mais afastadas. É noite alta e a lua ilumina o local com intensa luz prateada.

– Mas...diga-me: o que sabe a respeito de Osório? E que recado é esse que tem para me dar? – pergunta a moça, percebendo agora algo de familiar naquele estranho – Parece-me conhecê-lo, senhor.

– Talvez, Solange.

– Tire a máscara.

– Só após a meia-noite. Não é assim que diz o convite?

– Está bem, mas diga-me logo que recado tem de Osório.

Nesse momento, uma criada começa a gritar, perto do portão.

– Mataram o porteiro! O porteiro está morto!

– Meu Deus! – exclama Solange. – Vamos até lá!

– Espere! – diz Osório, segurando-a.

– Vamos lá ver – pede Solange, agora bastante assustada, pois o rapaz aperta fortemente o seu braço.

– Já vi o morto – responde o rapaz.

– Já viu? Como?

Osório, então, enlaça a moça pelas costas, segurando-a fortemente e, tapando-lhe a boca com uma das mãos, arrasta-a até um lugar um pouco mais afastado.

– Você perguntou como vi o porteiro morto, não é? Eu o vi porque fui eu quem o matou.

Solange arregala os olhos, apavorada.

– Agora vou apresentar-me, Solange. Eu sou aquele a quem você fez trancafiar no porão de um navio e levar para o Brasil como se fosse um animal. Lembra-se?

– Osório?! Você?!

O rapaz retira a máscara e, olhando firme nos olhos da moça, diz-lhe friamente, ao mesmo tempo em que saca ponteagudo punhal:

– Vou mandá-la para o inferno, maldita! Chegou a sua vez, minha querida.

– Não! Não! Por favor! Socorro! Socorro!

Nesse momento, um tiro ecoa e Osório, ainda com o braço direito levantado, empunhando o punhal, começa a cambalear, tentando encontrar forças para, mesmo com o coração trespassado por uma bala, cravar o punhal na moça. Porém,um segundo tiro o põe por terra, morto.

III

– Minha filha! – grita Rodrigues, correndo em direção às árvores, acompanhado de sua esposa, dona Idalina. Ouvira os tiros vindos dali e alguém informara que Solange havia seguido por aquele caminho com um desconhecido. A moça encontra-se desfalecida, enquanto o tenente Amaro, autor dos disparos, tenta reanimá-la, juntamente com sua mãe.

– Fale comigo, minha filha – roga dona Idalina, dando-lhe leves tapas no rosto, no intuito de despertá-la.

– Chamem um médico! – ordena Rodrigues – O que aconteceu, tenente? Quem é esse homem estirado aí no chão? – pergunta apontando para Osório que é acudido por alguns convidados.

– Não o vi, ainda, seu Rodrigues.

– Foi você quem atirou nele?

– Foi, sim senhor. Graças a Deus, cheguei a tempo. Ele já estava para cravar um punhal em Solange.

– Oh, meu Deus! – Mas, por quê? Por quê? – pergunta dona Idalina – O que teria contra nossa filha?

– Ajude-me aqui, Manoel – pede o tenente ao cocheiro que acorrera ao local – Carregue dona Solange até a casa. Deposite-a em sua cama.

– Já chamaram um médico? – grita o pai.

– Foram buscá-lo – informa um dos presentes.

Manoel, então, acompanhado por Rodrigues e Idalina, carrega a moça para a casa. Uma verdadeira multidão de convidados está do lado de fora do casarão, curiosos por saber o que acontecera. Uma das amigas de Solange comenta num grupo de convidados:

– Eu sabia que isso um dia iria acontecer. Solange trata seus namorados com muito desprezo. Só pode ser algum deles, enfurecido. Pobre rapaz.

– Não fale assim, Rosa – critica uma das amigas – Ninguém tem o direito de sair por aí matando.

O tenente Amaro permanece no local do atentado, olhando o cortejo que leva a moça para a casa. Assim que entram, ele se volta e caminha até o rapaz por ele baleado.

– Quem é o bandido? – pergunta.

– É Osório – responde um dos serviçais – Ele andou sumido por mais de um ano.

– Osório?! – pergunta o tenente, levando um choque ao reconhecer o rapaz que mandara prender para ser abandonado no Brasil – Meu Deus! É ele! Pobre rapaz – comenta consigo mesmo, pois já havia se arrependido muito do que fizera – Oh, meu Deus! Tenho um certo grau de culpa em sua morte. Ele voltou para vingar-se. Bem, de qualquer forma, escapei de sua vingança também. Que Deus o abençoe.

* * *

Alguns meses se passam e Solange, agora muito doente e ainda chocada com a tragédia ocorrida no dia de seu aniversário, choraminga a sós em seu quarto, enquanto se dedica apenas ao trabalho num tear, onde tece incansável e diuturnamente como que para fugir de sua pesada consciência por todo o mal por ela causado.

– Perdoe-me, Osório. Perdoe-me. Meu Deus, como tenho sido má. E a culpa foi toda minha...

– Solange – chama-lhe dona Idalina à porta do quarto – O tenente Amaro está aqui. Quer falar com você.

– Não quero falar com ninguém, mamãe. Já lhe disse.

– Mas você não pode continuar a viver desse jeito, enclausurada nesse quarto. Atenda-o, minha filha. Ele veio até aqui para saber como está.

– Diga-lhe que estou péssima e que não quero receber ninguém.

– Solange, não custa nada recebê-lo.

– Por favor, minha mãe, não insista.

Dona Idalina afasta-se e vai dar o recado ao rapaz, enquanto Solange entrega-se novamente a seus pensamentos.

– Meu Deus, perdoe-me. Como fui mesquinha por todos estes anos, como me arrependo da vida que levei. Pobre Osório. Não vou conseguir agüentar esse peso em minha consciência. Como pude brincar tanto assim com o amor? Todos esses rapazes... quanto devem ter sofrido! E Osório tinha razão quando chamou-me de assassina. Realmente, sou uma assassina. Matei uma criança, matei Osório, matei sua mãe de tristeza e posso imaginar o sofrimento de seu pai. O que faço para aplacar tanto sofrimento que me angustia no mais fundo de minh'alma?

Lágrimas de profundo sofrimento brotam novamente dos já inchados olhos de Solange. Está muito abatida, pois quase não se alimenta mais. Apanha, então, a imagem de uma santa que se encontra numa cômoda próxima à sua cama e ora com muito ardor, rogando lhe seja indicado um caminho. Aprendeu a ter adoração por essa santa com o seu pai que, apesar de ser extremamente ligado aos assuntos do dinheiro e dos negócios, dizia ser-lhe grande devoto, num contraste muito grande, pois nada fazia em benefício do próximo e, de acordo com a história, Isabel de Aragão, canonizada Santa Isabel, havia sido muito caridosa. E nesse momento, como que parecendo ouvir uma voz vinda de dentro de seu íntimo, sente uma nova esperança num entendimento muito simples, mas que é o único no qual pode se agarrar. E fala em voz alta, como que para materializar esse pensamento, como que para imortalizá-lo, como que para entendê-lo em toda a sua plenitude:

– De nada vai adiantar ficar sofrendo pelo passado, pois nunca conseguirei mudá-lo. A única saída é tentar compensá-lo com ações dignas no presente, auxiliando a tantos quantos eu puder, em nome dos que tanto prejudiquei.

E, agora, com novas lágrimas nos olhos, lágrimas de esperança e fé, agradece:

– Obrigada, meu Deus! Obrigada, minha Santa, Isabel pela nova senda que me foi aberta neste momento. Esse é o caminho que trilharei a partir de hoje.

Dizendo isso e sentindo nova e inusitada disposição, puxa freneticamente um cordão próximo à sua cama. Uma sineta badala no corredor fazendo com que a empregada que cuida dela acorra rapidamente. Dona Idalina, que acabara de despedir-se do rapaz, também vem ao quarto.

– Pois não, senhorita Solange. O que deseja? – pergunta-lhe a camareira.

– O que foi, minha filha? – pergunta, a seu turno, dona Idalina.

– Preciso de dois favores.

– Peça, filha.

– Maria – pede, dirigindo-se à doméstica –, quero que me traga um suculento prato de sopa. Daqueles que só você sabe fazer.

– Mas é para já – diz a moça, saindo correndo do quarto, com um largo sorriso de contentamento nos lábios, pelo elogio recebido.

– Que bom, minha filha! Que bom! Percebo que, de repente, você teve uma grande transformação. O que aconteceu?

– Tive sim, minha mãe, mas ainda não vou lhe dizer. Só quero que peça que madre Lurdes venha me visitar. Preciso muito lhe falar.

– Madre Lurdes? O que quer com ela?

– Por favor, mamãe, peça-lhe o obséquio de vir até aqui ou, melhor, peça-lhe a caridade de atender-me.

– Vou pedir-lhe, sim, minha filha. Ela queria tanto visitá-la e você insistia em não recebê-la. Tenho certeza de que ficará muito feliz com o meu chamado. Aliás, vou pedir para Manoel que vá até o convento com o coche. Se ela resolver vir agora, Manoel a trará e a levará de volta.

– Boa idéia, mamãe.

* * *

– Oferecer seus votos a Cristo? Tornar-se freira? Você sabe o que está dizendo, filha? – pergunta-lhe madre Lurdes.

– Sim, madre. Sei que sua ordem pratica a caridade às crianças e a tantos que a procuram e sinto enorme desejo de juntar-me a esse trabalho.

– Mas por quê, Solange? Por quê? Você sempre foi uma moça dada a festas, bailes, alguns namoros que eu sei...

– Madre, gostaria de guardar os motivos dessa minha decisão apenas em meu coração, mas lhe adianto que quero entrar para esse mundo sacrificial porque muito necessito. Tenho muitos débitos para com Deus e peço-lhe que apóie essa minha resolução junto à minha mãe e a meu pai.

– Tudo bem, filha. Se esse é realmente o seu desejo, vou ajudá-la. Tenha certeza disso.

– Esse é o meu desejo, madre. E quando ordenar-me, pretendo adotar o nome Isabel.

– Deixe-me ver...é...pode ser...não tenho nenhuma com esse nome em nosso convento. Tudo bem, minha filha. Que Deus a abençoe.

* * *

Rodrigues, quando fica sabendo da resolução de Solange, protesta muito, querendo provas de que a filha realmente tem a necessária vocação e é muito a contragosto que permite que ela leve adiante essa idéia. É sua filha única e vê ir por terra o seu ardente desejo de ter um neto. Solange, em poucos dias, restabelece a saúde, apronta pequena mala com o essencial sugerido por madre Lurdes e atravessa os pesados portões do convento. Junto, leva a imagem da santa que, em seu entendimento, a havia feito ver que de nada resolveria lamentar o passado, somente podendo sentir paz em seu coração se arregaçasse as mangas no trabalho de amor ao próximo. Quanto à decisão de ir para um convento, foi exclusivamente sua, pois a intuição que recebera de um Espírito protetor era a de apenas devotar-se ao bem, o que poderia ser feito como uma mulher comum. Solange, no entanto, escolhe esse caminho, o qual começa a trilhar com muito amor e dedicação.

IV

Osório, além da dor no peito, efeito dos dois tiros que recebeu, vê-se, então, em meio a densa treva, martirizado por causticante sede, insuportável fome e intenso frio, onde ouve gritos horripilantes, muitas vezes a pedir socorro e, outras, a acusá-lo. Sente-se como se estivesse no inferno tão propagado pela religião que conhece. Lembra-se de ter levado os tiros e imagina que a morte o tenha transportado para esse lugar de trevas, onde pesado ar o sufoca. Caminha às escuras por terreno acidentado e pegajoso, sentindo que mãos tentam agarrá-lo. Revoltado e com muito ódio no coração, grita também por socorro e justiça. O tempo parece-lhe não existir naquela escuridão de intenso sofrimento onde tudo denota uma eternidade. De repente, ao que lhe parece, pois perdera a noção do tempo, vê-se, repentina e violentamente, arrancado desse local e aprisionado em fétida cela, cujas paredes mais parecem terem sido construídas com petrificados excrementos de animais e cujo nauseante odor lhe faz retorcer suas vísceras. O sofrimento ainda é muito inten-

so, porém não mais a completa escuridão. O local encontra-se iluminado por tochas cuja luz não consegue trespassar totalmente a densa atmosfera do lugar, a tudo tingindo de mórbida cor marrom avermelhada.

Numa outra paragem desse verdadeiro inferno, nas sombras da morte daqueles que se desviaram do caminho do Bem, fazendo do sofrimento alheio a sua bandeira, uma sinistra criatura espiritual de nome Selênio fala ao Grande Líder, como é conhecido o chefe dessa lúgubre organização do umbral, uma das inúmeras que lá existem:

– Grande Líder, acabei de arrebatar e aprisionar promissor trabalhador para nossas lides. Seu ódio é muito grande. Osório é seu nome e seu desejo de vingança ultrapassa a sua própria dor física.

– Muito bem, Selênio, você já sabe o que fazer. Leve-o ao delírio do ódio. Em seguida, acompanhe-o até seus desafetos e deixe-o provar um pouco do êxtase da vingança. Depois, aprisione-o e faça-o trabalhar para nós com a promesa de que um dia nós o liberaremos para consumar o que iniciou.

– Sim, Grande Líder. Sei bem como agir. Suas ordens serão cumpridas.

* * *

– Como se sente agora, Osório? – pergunta Selênio, ao chegar à tenebrosa prisão.

– O ódio me queima as entranhas! Quero e exijo vingança! Justiça!

– Muito bem. Você terá a sua chance. Venha comigo.

– Para onde?

– Você não quer se vingar?

– Com minhas próprias mãos!

– Então, venha. Vou ajudá-lo, mas terá que seguir cegamente as minhas instruções ou voltará para cá ou para pior lugar. Aqui exigimos obediência.

– Farei o que me mandar.

* * *

– Vou mostrar-lhe onde se encontra Solange a quem tanto odeia e de quem quer vingar-se – diz Selênio a Osório – Veja.

– Nesse convento?! O que essa maldita está fazendo aí?!

– Depois de todo o mal que lhe causou e a seus pais, depois de assassinar friamente uma criança, resolveu refugiar-se neste local, acreditando estar a salvo da ira de Nosso Deus. Deve ter ficado com muito medo do que lhe espera quando passar para este lado da vida e acha que, fazendo alguns tolos atos de caridade àqueles que tanto também devem, se livrará do inferno. É uma estúpida!

– Não vejo a hora de colocar minhas mãos nela! Mas antes disso, antes que eu a tenha sob o meu domínio aqui neste lado, quero fazer de sua vida na carne um verdadeiro inferno. Farei com que implore pela morte! Mal sabe ela que o inferno que criarei para ela não se compara ao que a espera após o túmulo. Maldita! Vamos até lá, Selênio. Quero ver a infame!

– Infelizmente, isso não será possível ainda, Osório.

– Como não será possível?! Nada vai deter a minha vingança!

– Você terá que ter paciência, Osório.

– Paciência?! Que paciência?! Será que vocês, agora, deram para ter paciência?!

– Muitas vezes, para conseguirmos o nosso intento, temos que aguardar o momento propício ou, então, trabalharmos para apressá-lo. É o que você terá que fazer.

– Pois vou entrar lá!

– Se quiser tentar...

– Como tentar? Vou entrar lá!

– Aconselho-o a não expor-se. Esse é um antro de "privilegiados", Osório, e estão bem armados. Não tente ou poderão aprisioná-lo.

– E por que esses "privilegiados" estão aí?

– Porque muitas dessas religiosas tolas rezam pelo Deus delas e ajudam alguns pobres encarnados, bem como

essas crianças que alimentam nesse orfanato e que, logicamente, devem ser suas protegidas. Crianças que não passam de Espíritos condenados ao abandono e que essas malditas freiras impedem que tenham o que merecem, ou seja, viverem na miséria e na solidão. Essa história de Espíritos de luz não passa de uma máfia, Osório. É um clube fechado. Não se preocupam em fazer justiça como nós. Ajudam a todos os que imploram. Um bando de tolos. E a nossa tarefa é acabar com esse orfanato.

– *E por que não podemos com eles?*

– *Por causa dessa maldita luz que impede as nossas ações. Nós somos, verdadeiramente, os justiceiros do Nosso Deus e, para isso temos que viver nas sombras. Luz é para os fracos.*

Osório sente-se convencido pelas palavras de Selênio, também um fiel cumpridor das ordens do Grande Líder, crendo realmente que fazem parte de uma elite daquele a quem chamam de Nosso Deus e que os utiliza como seus trabalhadores para o cumprimento do que consideram justiça: o sofrimento cruel de seus condenados.

– *E o que devemos fazer, então? – pergunta Osório, agora com medo de ser aprisionado pelos Espíritos de Luz e do Bem, que eles denominam de os "privilegiados".*

– *Temos que usar a nossa inteligência, Osório.*

– *?*

– *Quando não conseguimos atingir uma criatura di-*

retamente, temos que usar de certos artifícios para atingi-la indiretamente.

– Como assim?

– Já temos muitos dos nossos atacando implacavelmente os familiares dessas religiosas e a você está sendo dada a incumbência de fazer o mesmo com Rodrigues, o pai de Solange.

– E o que devo fazer?

– Atacar Rodrigues. Implacavelmente. Através do sofrimento dele, poderá fazer com que Solange venha a sofrer também.

– Estou começando a entender.

– Esse homem, Osório, além de seu egoísmo, pois só tem pensamentos para os seus negócios, é um dos que não ligam a mínima para esse orfanato, muito pelo contrário, escravo de sua sovinice, acha tudo isso um grande desperdício de dinheiro o que, infelizmente, não ocorre com outros proprietários deste lugar. Terá que descobrir alguma forma de induzi-lo a acabar com essa instituição, convencendo os outros da inutilidade do que fazem essas religiosas.

– E como vou fazer isso?

– Você terá que ficar ao seu lado diuturnamente e isso será muito fácil, pois ele não possui a proteção dos "privilegiados". Observe-o. Detecte os seus pontos fracos, primeiro. Daí, então, poderá agir.

– E por que eu fui o escolhido para realizar essa missão?

– Simplesmente por causa de seu grande ódio por essa mulher e temos certeza de que lhe será por demais prazeroso trazer sofrimento a seu pai, bem como destruir esse maldito trabalho junto a essas crianças. Tudo isso a fará sofrer muito e, quem sabe, acabar entrando em nosso campo vibratório. Aí, então, poderá tê-la ao seu alcance.

– Entendo e farei tudo para que isso ocorra. Quando começarei?

– Hoje mesmo. Inicialmente, acompanharei os seus passos, indicando-lhe os caminhos a seguir. Como lhe disse, a primeira fase é a da observação. Vamos até lá.

* * *

Rodrigues encontra-se sentado em sua mesa de trabalho, no escritório, em sua casa, conferindo alguns papéis. Seu semblante encontra-se contraído, denotando certa contrariedade.

– Observe – diz Selênio a Osório. – Observe bem suas contrações faciais. Procure auscultar-lhe o pensamento. Aproxime-se mais e envolva-o. Procure sentir como se você e ele fossem a mesma pessoa. Agora, fixe o pensamento em Solange. Ele irá captar a sua mentalização e começará a pensar nela. Verá como facilmente conseguirá ler o seu pensamento.

Osório executa o que lhe é explicado e em poucos minutos consegue verificar o pensamento do homem como se fosse o seu próprio.

– Ah, Solange. Se você soubesse o desgosto que está me causando... Fiz tantos planos para o seu futuro. Seria a minha herdeira. Ficaria com tudo isto que construí com tanto sacrifício. Mas agora, resolveu entrar para esse convento. Resolveu abdicar de tudo e de todos os bens. Não consigo conformar-me. Chego a sentir ódio de mim mesmo por ter concordado com a sua resolução.

– *Assim que perceber uma brecha, Osório, coloque o seu pensamento, induzindo-o a pensar como você – ensina Selênio – Vocês encontram-se bem sintonizados.*

– *Uma ingrata. Isso o que você é – mentaliza Osório.*

Rodrigues facilmente absorve a idéia.

– Acho até que você não passa de uma ingrata, Solange. Uma ingrata, mesmo. Depois de tudo o que fiz. Cheguei a prejudicar muita gente para conseguir tudo isto, sabia? Não, você não sabe de nada. Na verdade, nunca importou-se muito com os meus negócios. Sempre preocupou-se mais com suas festas, com seus namoros. Não pense você que não sei o que fazia, não. Não sou tolo, Solange. Filha ingrata. Isso é o que você é.

– *Ela o abandonou, Rodrigues – diz Osório, agora em voz alta para que a sua idéia encontre guarida com mais eficácia na mente do homem.*

– *Isso mesmo, Osório – exclama Selênio – Força nisso. Coloque o seu ódio.*

– Você me abandonou, Solange – pensa Rodrigues – Abandonou-me sim. Trocou seu pai por um bando de mulheres tolas que pensam que sabem tudo. Que pensam que são melhores que os outros somente porque vestem um hábito. Deveriam casar e ter filhos. Deveriam ter filhas e não ficarem roubando as dos outros.

– *Essas mulheres roubaram a sua filha, Rodrigues.*

– Roubaram minha filha e, ainda por cima, vão trocar-lhe o nome: Isabel. Mas o que é isso?! Roubam-me a filha e ainda por cima querem trocar-lhe o nome. Solange ingrata! – grita dentro da mente, agora revoltado – Ingrata! Sonhava vê-la casada com um bom marido que me auxiliasse aqui e que poderia dar continuidade a tudo isto. Sonhava com um neto varão, carregando o meu sangue. Ingrata!

– *Você tem que tirá-la de lá, Rodrigues.*

– Ainda vou tirá-la desse lugar, Solange.

– *Nem que para isso tenha que derrubar os muros desse claustro inútil.*

– Nem que tenha que derrubar os muros desse convento!

– *Muito bom, Osório. Continue – entusiasma-se Selênio.*

– *Ou, então, o orfanato – mentaliza Osório.*

– E esse orfanato... uma perda de tempo. Crianças ignorantes, alimentando-se com o dinheiro suado dos outros.

– *E na ociosidade – complementa Osório.*

– E na ociosidade, ainda. O que essas freiras estão querendo fazer? Criar um bando de vagabundos que um dia quando crescerem e de lá saírem, transformam-se em bandidos? Ensinam a ler e a escrever. Bela porcaria. O que farão com isso? Deveriam, sim, era dar uma enxada para cada um.

– *Um bando de desocupados – insiste Osório – E que um dia poderão vir a assaltar a sua propriedade.*

– Um bando de desocupados. Ainda acabarão assaltando seus próprios benfeitores.

– *Você tem que encontrar um jeito de afastar Solange dessa vida. Uma vida sem sentido. Vivem rezando.*

– Preciso afastar minha filha desse convento. Não deveria ter permitido tamanho absurdo.

– *Culpa de sua esposa.*

– Tudo por culpa de Idalina, que apoiou essa idéia de Solange. Eu não queria, mas ela conseguiu convencer-me de que era o melhor para nossa filha.

– *Ela que desfaça agora essa encrenca.*

– Vou falar com Idalina. Ela terá que resolver isso. Não quero mais minha filha enclausurada naquelas paredes. Ela tem que casar e me dar netos.

– *Obrigue-a.*

– Vou obrigar Idalina.

– *Fale agora mesmo com ela.*

– Pois vou falar com ela agora. Vou aproveitar que já estou nervoso. Se falar depois, talvez ela me convença novamente.

Dizendo isso, Rodrigues levanta-se da cadeira, abre a porta do escritório e chama pela empregada:

– Maria! Maria!

– Sim, senhor Rodrigues.

– Peça a Idalina que venha até aqui, imediatamente.

– Sim, senhor.

– *Seja firme, Osório. Seja firme. Vou ver se consigo influenciar a mulher.*

Alguns minutos se passam e a esposa entra no escritório.

– Mandou me chamar, Rodrigues?

– Sim. Feche a porta e sente-se à minha frente. Preciso ter uma conversa bastante séria com você.

– Aconteceu alguma coisa? – pergunta a mulher, percebendo que o marido demonstra estar nervoso.

– Aconteceu, sim. Aconteceu uma tragédia e exijo que você faça alguma coisa.

– Eu?! Mas o que aconteceu, Rodrigues? Fale, homem de Deus!

E, sempre sob a orientação de Osório, o marido fala rispidamente com a esposa:

– Você tanto fez, tanto fez, que acabou convencendo-me de uma coisa de que muito me arrependo agora.

– O que foi que eu convenci você?

– Que Solange fosse para um convento.

– Você concordou, meu marido.

– Não concordei coisa nenhuma. Você é que, de tanto falar, acabou embaralhando a minha mente e acabei concordando.

– Mas agora...

– Agora? Agora eu não quero mais minha filha dentro daquelas paredes frias e escuras, cheirando a velas e flores.

– E o que posso fazer?

– Você foi a culpada de tudo, Idalina.

– Foi Solange quem resolveu.

– E, por acaso, ela tem voz ativa aqui dentro desta casa para resolver alguma coisa?

– Mas...

– Não tem "mas". Trate de convencer sua filha a sair daquele convento.

– E se ela se recusar?

– Sou capaz de fazer uma besteira, Idalina. Quero ver minha filha casada e com filhos. Quero que ela seja minha herdeira.

– Mas ela é sua herdeira.

– Sim e basta que eu morra para que ela doe tudo isto para a Igreja. Não quero! Não quero! Prefiro doar em vida para alguém que possa dar continuidade a isto.

– Mas se Solange doar para a Igreja...

– E você acha que a Igreja fará vinhos? Talvez faça daqueles que os padres bebem. Vão acabar com a minha marca. Não posso permitir isso.

– Pois eu não vou fazer o que me ordena, Rodrigues.

O homem fica possesso e, manipulado por Osório, levanta a mão num gesto ameaçador como se fosse esbofeteá-la.

– *Bata, Rodrigues! Bata!* – *grita Osório.*

Mas o homem não lhe obedece.

– Rodrigues! – exclama, indignada, Idalina.

– Pois trate de trazer nossa filha de volta ou não ficarei apenas na ameaça.

– Você nunca me ameaçou antes...

– Pois experimente enfrentar-me outra vez. Trate de procurar sua filha.

– Irei amanhã, Rodrigues – diz a mulher, agora muito amedrontada. Nunca vira o marido tão furioso como naquele momento.

– Tudo bem. Amanhã bem cedo. Avise Manoel para deixar o coche preparado.

– Com licença – pede Idalina, deixando o escritório, cabisbaixa e com lágrimas nos olhos.

– *Você foi muito eficiente, Osório – diz Selênio, animando-o e também bastante impressionado com a atuação de companheiro.*

– *Queria que ele a esbofeteasse, mas não consegui.*

– *Você vai conseguir. Pode ter certeza. Penso que já deu para imaginar o plano.*

– *Sim. E não vou falhar.*

– *Agora, vou deixá-lo. Tenho outros trabalhos a realizar a mando do Grande Líder. Continue a atuar sobre o homem. Deixe-o bastante nervoso e angustiado. Já deu para descobrirmos um de seus pontos fracos: a verdadeira obsessão pela sua vinha. Você vai descobrir outros de seus pontos fracos, inclusive os de Idalina, sua esposa.*

– *Não o deixarei em paz um só instante.*

V

– O papai ficou louco, minha mãe? Não quero abandonar o convento. Ele, inclusive, deu-me sua bênção quando me despedi – diz Solange, surpresa.

– Estou tão surpresa quanto você, minha filha. Nunca vi seu pai tão nervoso. Como lhe disse, ameaçou esbofetear-me, dizendo-me que não ficaria somente na ameaça se eu não conseguisse levá-la de volta.

– O que será que deu nele?

– Imagino que seja pelo fato de não ter para quem deixar tudo o que construiu. Quer que você se case e lhe dê netos. Teme que, um dia, doe tudo para a Igreja.

– Olhe, mamãe, vou dizer-lhe uma coisa: eu não conseguiria mais viver fora destes muros e, principalmente, deixar de fazer o bem a estas crianças órfãs.

– Minha filha, diga-me, por favor: o que foi que aconteceu que a levou a tomar essa decisão tão ao extremo do que você sempre foi? Diga-me, minha filha.

– Não vou lhe dizer, minha mãe, porque o que fiz foi muito pavoroso, muito cruel. Não consigo entender como fui capaz de cometer tantas atrocidades e hoje, extremamente arrependida, quero compensar com o bem todo o mal que já cometi nestes poucos anos de minha vida.

– Solange, você me assusta. O que foi que você fez de tão grave, assim?

– A senhora não pode imaginar – responde a moça, entre lágrimas.

– Teve alguma coisa a ver com aquele moço que tentou matá-la naquele dia e que foi morto pelo tenente?

– Sim, minha mãe. Aquele rapaz morreu por minha culpa, além de todo o mal que já lhe havia causado e ele, cego, não sei se de paixão ou de ódio por mim, tentou matar-me. Quando compreendi tudo, meu Deus, que tortura! Quantos dias e quantas noites desejando que tivesse sido eu a levar aqueles tiros e ter morrido.

– Não fale assim, minha filha. Não fale assim. Agora, diga-me uma coisa: você acha que somente aqui dentro destas quatro paredes é que conseguirá reparar o mal cometido? Por que não pode fazer isso em sua própria casa? Olhe, seu pai quer que você herde tudo, quer que aprenda a trabalhar para um dia tomar as rédeas dos seus negócios. Não acha que assim poderia auxiliar muito mais essas crianças necessitadas e mesmo outras tantas infelizes criaturas?

– Não sei, minha mãe. Temo voltar a viver junto a

outras pessoas. Temo encontrar um homem por quem eu me apaixone e tenha que contar-lhe o meu passado.

– Você pode manter isso em segredo.

– Como poderia conviver com esse segredo no seio de uma família? Minha mãe, a senhora não faz a mínima idéia do que eu fiz. Se soubesse, não acredito que continuaria a amar-me da mesma maneira.

– Minha filha, eu sou sua mãe e a amarei sempre, aconteça o que acontecer, tenha você o passado que tiver. Por pior que possa ter sido, sei que arrependeu-se e hoje é uma outra pessoa. Sempre a amarei, Solange – diz Idalina extremamente emocionada e, chorando, abraça fortemente a filha.

– Está sendo muito difícil para mim.

– Filha, pense no que eu lhe disse. Pense com muito carinho. E lhe digo mais: além de trabalhar em benefício das crianças e dos necessitados, por que não dedicar-se também a um esposo e a um filho ou filhos que porventura venha a ter? Seu campo de ação seria muito maior.

– Não sei, mãe. Preciso pensar muito.

– Então, pense.

– E quanto a papai? Temo por você, apesar de amá-lo muito. Ainda não consigo acreditar no que a senhora está me dizendo. Sei que papai é um pouco frio, muito ligado aos seus negócios, pouco carinhoso, mas tenho certeza de que nos ama muito. Sempre dedicou-nos todo o seu cuidado, nunca nos deixando faltar nada, sempre pronto a sacrificar-se por nós.

– Sei disso, Solange. Também não entendo o que está lhe acontecendo. Quanto à sua preocupação para comigo, nada tema. Saberei conversar com ele. Vou dizer-lhe que preciso de mais algum tempo e que você prometeu pensar no assunto.

– Não lhe dê muita esperança, minha mãe, e nem as tenha.

* * *

Nesse momento, na casa de Rodrigues, este continua sob a influência de Osório que não lhe dá tréguas.

– *Sua mulher não vai conseguir, Rodrigues. Até parece que ela não quer a filha aqui por perto. Por que será?*

– Idalina não vai fazer o que lhe ordenei. E tem uma coisa que não consigo entender e que surgiu-me agora na mente – pensa o homem –: por que será que ela concordou com essa história de convento? Até parece que ela não quer a filha por perto. É... não tinha pensado nisso.

– *Será que ela teme que a filha descubra algum segredo? Será que ela não tem segredos para com você, Rodrigues?*

– Será que ela tem algum segredo e teme que Solange acabe descobrindo? Não, isso não. Não acredito que Idalina tenha algum segredo.

– *E por que não? – continua Osório, satisfeito com o rumo que as coisas estão tomando. – Quem conhece bem as mulheres? Você? Vive sempre tão afastado dela, aliás, será que ela também não vive muito afastada de você? Já pensou nisso?*

– Será que ela não tem mesmo nenhum segredo? Vivo tão afastado de casa e ela também não vive morrendo de amores por mim.

– *Uma mulher tão romântica... será que ela já não é mais a mesma de outrora? – arrisca Osório com essa idéia, pois não conhece tão bem assim a mulher.*

– Ela era tão romântica quando nos conhecemos e agora parece-me muito distante do que era.

É, então, que Osório dá o golpe final, apesar de muito ousado.

– *Outro homem?*

– Não. Não posso pensar nisso. Que idéia mais absurda surgiu-me: outro homem. Não. Idalina não teria coragem e nem acredito que isso passaria pela sua cabeça. Isso é bobagem.

Osório não cabe em si de tanta satisfação e arrisca mais uma vez:

– *Não andará ela, ultimamente, vestindo-se com mais esmero? Ficou todo o tempo ao seu lado, no baile de máscaras?*

Rodrigues tem um sobressalto com as idéias que lhe

penetram na mente, começando a sentir um frio percorrer-lhe a espinha, que é a reação que geralmente tem quando começa a ficar desconfiado de alguma coisa contra si.

– Será? Parece-me que Idalina ultimamente anda vestindo-se com mais apuro e na festa de aniversário de Solange, aquele baile de máscaras, pareceu-me a mais animada. Nunca a vira assim. E lembro-me que ficou a maior parte do tempo longe de minhas vistas... não...estou começando a pensar besteiras.

Osório aproveita, então, para tentar vingar-se do tenente.

– *Por que besteira? Por acaso pensa que Idalina é diferente das outras mulheres? Pense um pouco: não haverá alguém que está sempre por perto dela?*

– Besteira...? Por que Idalina seria diferente das outras mulheres que conheço muito bem? Mas com quem? Quem poderia ser?

– *O tenente? – induz Osório.*

– Espere um pouco... – pensa Rodrigues – o tenente... Vivia em casa. Sempre imaginei que estivesse fazendo a corte a Solange, mas agora que ela foi para o convento, continua a visitar-nos. Já o vi por diversas vezes conversando com Idalina. Diz-me ela que é para saber notícias de nossa filha, que ele não se conforma com essa sua decisão. Mas será, mesmo?

– *Mas é claro – continua Osório, divertindo-se com a*

capacidade que percebe possuir de incutir as idéias que queira na mente do homem – Nunca percebeu que quando você chega perto, mudam rapidamente de assunto?

– Parece-me até que quando chego perto, mudam de assunto. Como não havia notado isso antes? Como sou ingênuo.

Rodrigues sente então, por influência de Osório, o terrível sofrimento da desconfiança e do ciúme. Começa a imaginar e a acreditar em acontecimentos que não existem e o ódio passa a invadir o seu coração.

– Vou pegá-los em flagrante! Mas para isso tenho que controlar os meus impulsos.

Pensando assim, o homem sai para conferir o trabalho de seus colonos. Osório o acompanha. Mais algumas horas se passam e o coche de dona Idalina chega até sua casa. Um cavalo encontra-se amarrado em uma árvore.

– O cavalo do tenente – pensa a mulher. – Pobre rapaz. Ama tanto Solange e vem aqui para tentar amenizar a sua dor. Também não se conforma com a sua reclusão no convento - imersa nesses pensamentos, dona Idalina entra na casa e encontra o tenente Amaro sentado na sala de estar.

– Dona Idalina... – cumprimenta o rapaz.

– Como vai, Amaro?

– Nada bem. Ainda sofro muito com esta separação; sinto-me muito angustiado. Fiquei sabendo que a senhora foi ter com Solange lá no convento e queria saber notícias.

– Fui, sim – confirma a mulher, sentando-se e pedindo a uma das empregadas para servir alguma bebida ao moço – Estive com Solange.

A mulher conta então a Amaro, a quem muito confia, sobre a decisão inesperada de Rodrigues de obrigá-la a convencer a filha a voltar para casa. Fala do estranho desejo de Solange de afastar-se de tudo e de todos. O rapaz, também atormentado pelo remorso do que fez a Osório, não se contém e desabafa revelando à mulher o que ele e Solange fizeram ao rapaz.

– Meu Deus, Amaro, é horrível o que está me contando. Não posso crer que minha filha e você foram capazes de praticar tal ato.

– Eu sei que é difícil de acreditar, dona Idalina, apesar de que Osório em muito contribuiu para isso. Era um rapaz muito maldoso e Solange sentiu muito medo de uma interminável chantagem. Não sei por que sua filha foi se envolver com ele. A senhora me desculpe pelo que estou lhe dizendo, afinal de contas, acabei lhe revelando as aventuras secretas de sua filha.

– Não se culpe, pois eu já imaginava isso. E agora...

– Agora Solange não está conseguindo suportar o peso do remorso que está aniquilando a sua consciência.

– Você também deve estar passando por isso.

– Muito. Além do que, acabei matando-o, apesar de ter feito isso para salvar a vida de Solange, a quem tanto amo.

Nesse momento, o moço não consegue conter as lágrimas e começa a chorar.

– Não fique assim, Amaro. Agora não adianta mais lamentar o que já passou. A solução é seguir em frente.

O rapaz continua a chorar e levanta-se com a intenção de ir embora. Dona Idalina levanta-se também e, num gesto exclusivamente maternal, passa a mão pelo rosto do rapaz, enxugando-lhe as lágrimas.

– Você precisa ter forças, Amaro, e se minha filha resolver abandonar o convento, peço-lhe que a auxilie.

– É o que pretendo, dona Idalina. Muito obrigado por tanta compreensão e por dar-me esta oportunidade. A senhora tem sido como uma mãe para mim.

Dizendo isso, o rapaz beija as mãos da mulher que, instintivamente o abraça junto a si, como a um filho.

– Dentro de minha própria casa?!!! – berra furioso Rodrigues entrando na sala, acompanhado por Osório que, sabendo da vinda de Amaro e do retorno de dona Idalina, fez com que Rodrigues, ainda sob seu controle, retornasse ao lar.

A mulher e o rapaz olham assustados para Rodrigues, perplexos com o tom acusador de sua voz. Essa reação dos dois, por sua vez, inflama mais ainda a desconfiança do homem que praticamente não lhes dá tempo de dizer algo em defesa e avança sobre Amaro, desferindo-lhe violento soco no rosto, tombando-o ao solo. E cego de ciúmes e ódio, Rodrigues retira uma espingarda que se encontra presa numa das paredes da sala e que mantém sempre carregada para sua segurança e a aponta em direção ao rapaz. Dona Idalina agarra o braço do marido tentando impedi-lo de cometer essa loucura. O homem a empurra fazendo-a cair também ao solo. Nesse meio de tempo, o rapaz consegue recompor-se e, vendo que Rodrigues está para atirar contra si, saca de seu revólver e no instante em que o homem vai apertar o gatilho, atira primeiro, atingindo-o no coração.

– Meu Deus! – grita a mulher, correndo até o marido, percebendo-o morto – Você o matou, Amaro!

– Foi em legítima defesa! Foi em legítima defesa! – grita o rapaz completamente fora de si e sai correndo, abandonando a casa. Monta no cavalo e dispara pela estrada em louco galope.

– Meu Deus, quanta desgraça! Quanta desgraça! – diz a mulher, ainda abraçada ao marido.

* * *

– *Estou conseguindo! Estou conseguindo!* – *brada Osório entusiasticamente a Selênio, que acabara de chegar, depois de ver Rodrigues abatido por Amaro* – *Solange irá sofrer muito com isso e Amaro, por ter fugido, poderá ser incriminado se eu tomar algumas providências. Vou atrás dele e farei com que continue fugindo. Farei com que sinta medo de ser preso. Dessa maneira, conseguirei atingir a ambos. Vou atrás dele. Venha comigo, Selênio.*

– Agora não, Osório, e nem você irá atrás dele.

– Como?! E por quê?!

– Vai retornar à prisão.

– O quê?! Você ficou louco? Quero vingar-me e vou fazê-lo.

– Experimente, então.

Osório dirige seu olhar para onde Selênio está olhando e vê que forte escolta já está entrando naquela sala. Em seguida, agarram-no, prendendo-o com fortes amarras.

– Mas por que está fazendo isso, Selênio? Você disse que ia me ajudar.

– E já não o ajudei? Na verdade, Osório, seu tempo já está esgotado. Um outro dia, lhe daremos uma segunda oportunidade. Agora, irá para o vale das trevas onde lá permanecerá por algum tempo, a fim de que cultive e amplie bastante esse seu ódio. Depois iremos buscá-lo para que freqüente uma escola de vingadores. Após esse estágio, terá que trabalhar para o Grande Líder em missões como a que teve a oportunidade de realizar. Aí então lhe daremos permissão para que cumpra a sua vingança e tenha a certeza de que estará muito mais preparado para realizá-la com todos os requintes de maldade que deseje.

– Mas... não podem...!

– *Cale-se! Levem-no!*

Osório é levado de volta para os vales profundos e trevosos onde deverá permanecer por um bom tempo antes de retornar à sua caminhada de vingança. Tudo isso faz parte de uma etapa de preparação para os trabalhadores do mal a serviço do Grande Líder. Nesses locais, fatalmente, o ódio e a revolta são como que centuplicados e o cego desejo de vingança passa a ser a única finalidade desses infelizes que tudo fazem para terem permissão de acesso aos seus desafetos. Na verdade, tornam-se escravos nas mãos daqueles que sabem, como ninguém, manipular os inferiores desejos dos mais infelizes.

* * *

O tempo passa célere. Solange, após a morte do pai, desiste do convento e vem morar com a mãe. Não se casa e passa o resto de seus dias trabalhando no auxílio aos mais necessitados, inclusive ajudando no maravilhoso trabalho dirigido pelas freiras do convento, amparando aos pobres órfãos de toda aquela região. Tem, ainda, a oportunidade de assistir à morte de Célio, pai de Osório que, de tristeza, definhara até à morte, após tão comoventes acontecimentos. Amaro, por sua vez, apresentara-se aos seus superiores, alegando defesa própria. Dona Idalina testemunhara em seu favor e o tenente fora liberado, porém, desgostoso com o que ocorrera e com a recusa por parte de Solange de casar-se com ele, abandona a patente militar, indo morar numa pequena cidade, bem longe da mulher a quem tanto ama e que o destino o fez assassino de seu pai. Quase ao final de suas presentes encarnações, os dois acabam se encontrando numa festa em homenagem à padroeira daquele lugar, ela com setenta e quatro anos e Amaro, com setenta e nove. Ambos vêm a falecer poucos anos depois.

PORTUGAL, SÉCULO XX

VI

Cento e trinta e quatro anos depois, grotesca e tenebrosa figura caminha por ruas sombrias e enevoadas, como se fosse noite, porém não é a luz de um luar que pouco ilumina aquele arremedo de cidade. É o sol que não consegue ultrapassar tamanha névoa de cor marrom escuro, qual nuvem pesada e sem movimento, pairando eternamente sobre esse local denominado por seus habitantes com o estranho nome de Ajuste Final. A visão, naquele local, restringe-se a pouco mais de cinco metros. Além dessa distância, a névoa marrom vai escurecendo até nada mais ser visível. As sombras proporcionadas por essa mórbida claridade vão de um verde escuro ao negro, enquanto tochas de fogo tentam iluminar com um pálido vermelho o interior de moradias construídas com paredes feitas com a borra de um material sedimentado em vales e gargantas escuras e fétidas, fruto das emanações dos pensamentos inferiores de seus habitantes. Na verdade, esse inóspito lugar localiza-se no que comumente se classifica como o umbral grosso, bastante próximo à crosta terrestre, em dimensão diversa da dos encarnados, visto tratar-se de região habitada por Espíritos libertos do corpo físico. Também colabora com a constituição da matéria-prima desse infeliz local do Plano Espiritual, as inferiores vibrações mentais dos Espíritos encarnados na Terra. Essa cidade encontra-se plantada numa encosta de profundo abismo e suas moradias são habitadas por devedores Espíritos que, após a morte do corpo físico, para ali foram naturalmente atraídos, devido às suas inferiores vibrações, por terem constantemente vivido entrelaçados com o crime, com a maldade e com outras tantas mentalizações, oriundas da cobiça, da ambição, da luxúria, da ociosidade perniciosa, do mal aproveitamento dos bens materiais e, principalmente, do nefando instinto de vingança, gerado por ódios tremendos. E, apesar de todo o caos que impera nesse local, onde Espíritos caídos nessas situações ali vivem como dependentes de favores e escravos de entidades líderes que a tudo dominam, existe um certo grau de organização, onde o Grande Líder ali governa, apoiado por diversas outras criaturas, constituindo um governo hierárquico voltado para mal. Todos que ali habitam sofrem provações as mais diversas, somente conseguindo algum benefício, por parte da cúpula governante, em troca de missões das mais deploráveis, sempre em prejuízo de outrem e, conseqüentemente de si próprios. E tão inferiores quanto essas missões a que se prestam, são os favores que solicitam, pois sempre são oriundos de oportunidades de vingança contra encarnados ou desencarnados. São milhares de habitações a se amontoarem desordenadamente, com suas sinuosas ruas que se comunicam através de estreitas ruelas mais fétidas e sujas ainda. Em local mais elevado dessas encostas, ergue-se a sede do poder, onde habitam o Grande Líder e todo o seu séquito governamental. Essa sede constitui-se de uma grande construção, um verdadeiro mosteiro, cercado por altos muros negros, onde abriga, igualmente nos fundos, numeroso exército que tem a finalidade de dominar a situação da cidade e trazer, todo o dia, centenas de inferiores Espíritos recém-desencarnados, os quais, enquanto não conseguem um local para habitarem, são lançados nas trevas dos despenhadeiros, à espera de uma oportunidade de vir ter com o Grande Líder que, juntamente com seus comparsas, submete-os a coletivos, estranhos e imparciais julgamentos, condenando-os sempre ao sofrimento de missões das mais tenebrosas, quando não os transformam, através do hipnotismo, em exteriorizações e aspectos do que de mais daninho possa existir em suas consciências. Transformam-se, assim, em criaturas horrendas, prisioneiras da vontade de seus julgadores, religiosos do passado que, após a passagem para o verdadeiro lado da vida, não encontraram as honras que para si esperavam, tendo em vista terem se aproveitado ao máximo, em próprio proveito, das funções de que se revestiam, representantes que se elegeram de Deus e que, em Seu nome, praticaram as maiores atrocidades. Quando viram-se no Plano Espiritual, completamente alijados dos anjos e santos que nunca chegaram a ver, imersos em suas próprias emanações mentais, possuidores, ainda, de grande poder de persuasão, conseguiram erguer todo um pode-

rio onde continuam a pôr em prática as mal interpretadas lições de Jesus, como sempre o fizeram. Aos poucos, acabaram tornando-se os juízes do Grande Juízo Final que tanto pregavam para os outros e que investem-se de poder para o executar. Facilmente, Espíritos desencarnados, dementados pela própria consciência, aceitam-nos como seus julgadores, praticamente hipnotizados pela grande influência de suas mentes e de suas palavras cheias de inferior religiosidade.

Mais algumas horas de muito sacrifício físico e a grotesca criatura consegue, por fim, alcançar as portas do negro mosteiro.

– Quem vem lá?! – pergunta, rispidamente, um sentinela.

– Sou Osório e quero... preciso falar com o Grande Líder.

– O que você é, abominável criatura? – pergunta-lhe a voz do guarda, por entre as sombras, sem mostrar o rosto.

– Sou um trabalhador do Grande Líder. Meu serviço é na crosta. Já sou da ala dos vingadores.

– Entre, aguarde no saguão e não ouse abrir nenhuma das portas.

– Já conheço as regras.

– Então, ande! Rápido!

Lá chegando, Osório é encaminhado por dois guardas através de extenso corredor cheio de paredes e passagens tal qual um labirinto e finalmente chega à presença do Grande Líder em enorme salão, iluminado por grandes tochas, onde sombras de criaturas não reconhecíveis passeiam pelas paredes, como se estivessem sendo projetadas pela interposição de seus corpos entre as tochas e essas paredes, porém, nada se vê que possa ser a origem de tais projeções. O Grande Líder, vestido com grossa capa preta e enorme chapéu de largas abas por sob o qual não se consegue visualizar as feições, encontra-se sentado ao centro de uma mesa em forma de ferradura com suas extremidades voltadas para o infeliz visitante. Ao redor dessa mesa, mais vinte e oito criaturas ali se encontram também sentadas, diferenciando-se do chefe apenas por não trazerem pendurado ao pescoço, grosso colar de pedras brancas que, naquele ambiente, refletem uma coloração avermelhada. Osório ajeita as vestes que usa, tentando esconder alguns rasgos aqui e ali e, fazendo estranho gesto como se fosse uma senha secreta, abaixa a cabeça, olhando para o chão em sinal mais de medo do que de respeito.

– Seja bem-vindo, Osório. Estamos muito satisfeitos com sua atuação na crosta. Tem desempenhado muito bem o seu papel, o que infelizmente não tem ocorrido com a maior parte de nossos seguidores, cada vez mais sugestionáveis pelas delicadas palavras dos "privilegiados".

Os "Privilegiados" a que se refere o Grande Líder são, na verdade, as equipes socorristas de colônias ou postos de socorro. São Espíritos mais evoluídos que não somente trabalham no auxílio de Espíritos prisioneiros das trevas, como de Espíritos que, escravizados, são obrigados a obsediarem os encarnados, a mando de instituições do mal como essa a que Osório pertence, e que assim agem para satisfazer desejos de vingança, a troco de vantagens e satisfação de impulsos menos dignos na volúpia do prazer e do poder. E o Grande Líder continua:

– Estamos tendo, também, muitos problemas com a intervenção de membros de uma religião que denominam Espiritismo, cujo maior "prazer" é o de interferir em nossas atividades, enganando nossos trabalhadores com promessas de virem a ser também integrantes desses grupos de "privilegiados". Mas você, Osório, tem cumprido muito bem o seu papel e gostaríamos que participasse de um trabalho de esclarecimento aos nossos trabalhadores, ensinando-lhes suas técnicas. Sei que tem tido sucesso inclusive junto a integrantes desses locais que denominam Centros Espíritas. O que me diz disso? Pode falar o que pensa. Dou-lhe permissão para isso.

– Bem...Grande Líder...na verdade...

– Fale, homem. Sem medo.

– É que penso que chegou a hora do Grande Líder cumprir o que me prometeu há mais de um século.

– O que me diz disso, Clóvis? – pergunta o Grande Líder a um dos ocupantes da mesa.

– Bem, pelo merecimento dele e conforme suas próprias instruções, Grande Líder, temos mantido sob vigi-

lância aqueles que possuem ligações com aquela a quem ele quer que o ajudemos a vingar-se. Trata-se de uma mulher que já retornou à carne, desta feita no Brasil. Seu nome atual é Selma e, sinto dizê-lo, mas ela encontra-se bastante protegida pelos "privilegiados" que a auxiliam a resgatar faltas do passado. O Grande Líder já conhece essas histórias.

– O que me diz, Osório?

– Tenho trabalhado e sofrido em troca dessa única e exclusiva finalidade. Tenho mantido um grande ódio em meu coração, reservando-o para ela e para um outro que a ajudou em meu sofrimento, além de pôr termo à minha vida carnal. Todo o sucesso que obtive até hoje para a organização foi graças a esse ódio, assim como toda a minha dedicação a esta causa. Quero justiça! Nem que seja no Brasil. Melhor ainda. O destino fez com que ela para lá fosse ter e será lá que a minha vingança será completa. Quero vingar-me!

– Aquiete-se, Osório – ordena o Grande Líder – Você terá a sua vingança.

– Gostaria de poder haver-me com ela aqui deste lado. Por que não a desencarnam?

– Sabe que não temos tanto poder assim, Osório. E como todos sabem que não sou ingrato aos que me servem, dar-lhe-ei o que pedir. Quantos escra..., digo, quantos trabalhadores necessitar. Dar-lhe-ei todo o apoio. Pense no que necessita e o terá.

– Eu lhe agradeço, Grande Líder. Agora, quanto ao que me propôs, digo-lhe que não possuo grandes segredos para conseguir o que quero daqueles encarnados ignorantes. Diga a todos os seus seguidores que, ao invés de trabalharem no sentido de fazer o mal diretamente por suas próprias mãos, procurem fazer com que a vítima faça o mal a si mesma. Na verdade, façam-lhe o Bem.

– Como assim, Osório?! – pergunta o Grande Líder, visivelmente interessado. Todos os outros curvam-se para a frente, a fim de ouvir-lhe melhor. Estão curiosos.

– Cerque a vítima de tudo que ela necessita dentro de todos os parâmetros de sua vaidade pessoal. Influencie os que a cercam para que lhe proporcione momentos de muito prazer e elogios fartos, reconhecimentos e homenagens. Quando ela estiver no auge de sua felicidade, basta que parem de influenciar os que fazem parte de sua vida, os que a circundam de todas essas benesses. Retire de todos eles o que lhes proporcionou através da intuição e, se possível, envenene as suas mentes. Não há sofrimento maior que a perda de uma posição de destaque. Já consegui levar alguns ao suicídio com essa técnica. Peça a todos que experimentem essa tática. É de uma grande simplicidade, de rápida e fácil aceitação e de uma punição que extravasa os limites da razão do homem, sempre às voltas com o orgulho, a vaidade e a ambição.

– Meus parabéns, Osório. Farei com que todos tomem conhecimento desse seu ensinamento. Tenho certe-

za absoluta de que é uma técnica realmente infalível. Poderemos utilizá-la nesses Centros Espíritas.

– *Muitos já a têm utilizado com muito sucesso.*

– *Bravo, Osório! E volte aqui assim que tiver pronta a sua lista de necessidades para levar adiante os seu planos de vingança.*

– *Quero todas as informações a respeito de tudo o que tem ocorrido com aquela mulher e sobre aqueles que estão intimamente ligados a ela e ao seu retorno à carne. Quero, também, escolher a dedo os aprisionados que me auxiliarão. Ser-lhe-ei eternamente grato por isso, Grande Líder.*

BRASIL, SÉCULO XX

VII

– Mas você já vai embora, Edson? Fique mais um pouco.

– Preciso ir, Selma. Tenho um encontro com uma pessoa que me prometeu trabalho.

– Mas já são quase duas horas da manhã. Com quem vai se encontrar?

– Com um amigo. Ele trabalha num restaurante e deixa o serviço às três horas da manhã. Inclusive, terei que ir depressa para encontrá-lo na saída.

– Ele vai lhe arrumar um emprego?

– Acredito que sim. Diz que poderei trabalhar para o seu patrão.

– Ficarei rezando para que tudo dê certo e podermos, enfim, pensar em nosso casamento.

– É o que pretendo, Selma. É só o que quero.

– Verdade, mesmo, meu amor? – pergunta, esperançosa, apesar de não ter percebido muita sinceridade nas palavras do namorado.

– Verdade. Ah, ia me esquecendo...você tem algum dinheiro para me emprestar? Terei que tomar uma condução para chegar até lá.

– Não tenho muito. Vou receber meu pagamento na semana que vem, mas devo ter alguns trocados – responde, retirando algumas notas de dentro do bolso de um casaco, pendurado num arame à guisa de cabide – Tome.

– Fique tranqüila, meu amor. Assim que começar a trabalhar, devolvo-lhe tudo o que me emprestou. Confie em mim.

– Eu confio em você, Edson – responde a moça, notadamente apaixonada.

– Amanhã irei buscá-la em seu emprego no mesmo horário de sempre.

– Tchau, querido – responde, oferecendo os lábios ao rapaz, que a beija rapidamente e sai da pobre residência em que ela vive sozinha. Na verdade, um arremedo de casa, construída com placas de madeira e telhado de folhas de zinco, numa pobre vila da capital. Selma é uma moça de trinta e dois anos, de pele morena e longos e fartos cabelos negros encaracolados, fisionomia própria de quem descende de nordestinos e que desde pequena morou naquela vila com o pai e a mãe. Atualmente vive ali sozinha, pois o pai, seu Deodato, falecera há cerca de três anos, vítima de um atropelamento numa movimentada avenida que tentara atravessar, completamente embriagado, estado em que comumente vivia, à exceção das poucas horas em que o entorpecimento derrubava-o em profundo sono, na maioria das vezes não voltando para casa, pois dormia pelas praças e debaixo de marquises de bares ou em becos escuros, protegido por detrás de grande latões de lixo. Não trabalhava e a casa era sustentada pelo trabalho da esposa, dona Gertrudes e de Selma, como empregadas domésticas. Apesar desse fato, a moça queria-lhe muito bem e por muitas vezes saíra pela madrugada afora tentando encontrá-lo, trazendo-o de volta, amparando o seu corpo cambaleante, quando lograva localizá-lo. A mãe falecera há apenas pouco mais de um ano, acometida de forte pneumonia que não pôde ser devidamente tratada pela absoluta falta de recursos financeiros. Agora, vivia sozinha, sustentando-se através do trabalho de doméstica em um apartamento de rico bairro da grande cidade. Edson, por sua vez, desempregado, mantinha-se às custas de pequena pensão que a mãe recebia. Não gostava de trabalhar e vivia de empréstimos de amigos os quais muitas vezes pagava com o fruto do que ganhava em jogos de bilhar nos bares daquela periferia, ou por meio de outras atividades menos dignas, ligadas ao tráfico de drogas. Vestia-se como um rapaz de classe média, mas sempre estava devendo dinheiro a alguém. Selma sabia disso, mas detinha cego amor a ele, acreditando que quando conseguisse arrumar um emprego fixo, por fim abandonaria aquela vida de jogos e ociosidade. Naquela noite, cansada que se encontrava pelo pesado serviço de faxina que executara para a patroa e pelo adiantado da hora já que, até aquele momento, entregara-se aos braços de Edson, assim que recosta a cabeça no travesseiro, cai em profundo sono. Porém, apesar de ter proferido uma prece rogando a Deus que a livrasse de um sonho que a perseguia há alguns dias, as imagens e os acontecimentos que lhe pareciam por demais reais, já que deles se recordava assim que despertava, prontamente lhe tomam a mente. Na verdade, Selma não sonhava com aquilo mas, sim, realmente vivia-o na momentânea emancipação da alma durante o sono. Ela, em Espírito, libertava-se do corpo, passando para o Plano Espiritual onde encontrava-se sempre com a figura de um homem, de rosto deformado, com horríveis esgares diabólicos, que parecia manter por ela expressivo e contundente ódio.

– Você outra vez?! – geme Selma-Espírito, afastada do corpo físico que permanece deitado na cama, a ela ligado por tênue e luminoso fio. Recostada a um dos cantos de pequeno cômodo que lhe serve de quarto, encolhe-se assustada ante a ameaçadora atitude daquele Espírito masculino que não mais possuía um corpo físico, haja vista dele ter-se libertado há já muitos anos, quase um século, através de sua morte. Sua fisionomia, estampada por intenso ódio e grotescamente desfigurada por esse sentimento que o acompanha desde há muito, avança sobre a moça, agarrando-a pelo pescoço na patente intenção de estrangulá-la. Selma tenta defender-se, mas não possui força suficiente para afastar aquela criatura que berra aos seus ouvidos:

– *Venha! Venha! Maldita! Assassina! Pagará muito caro pelo que me causou! Verme maldito! E não ouse engravidar, porque eu causarei o aborto com minhas próprias mãos. Abortou o meu filho e não terá outro.*

– Meu Deus, me ajude! – grita Selma, desesperadamente – Me ajude! Quero voltar! Quero acordar!

Nesse momento uma voz vem em seu auxílio:

– *Pare, meu filho. Pare.*

É a figura de um Espírito feminino que surge e abraça aquela criatura com muito carinho.

– *Sou eu, sua mãe. Venha comigo. Veja: seu pai também está aqui.*

Ao dizer essas palavras, um senhor é notado por Selma no outro canto de seu quarto. O homem aproxima-se lentamente.

– *Meu filho querido, liberte-se dessa escravidão que o ódio lhe impõe. Venha conosco.*

– *Quem?! Minha mãe?! Meu pai?!*

– *Sim, filho, somos nós. Graças a Deus, hoje conseguiu visualizar-nos. Há muito tempo estamos querendo nos mostrar e falar a você, que não nos atende pela intuição.*

– *Não consigo acreditar... – diz o Espírito, muito emocionado – nunca mais tive notícias... quanta saudade senti... sozinho... naquele país e depois... após a morte de meu corpo... nunca mais... por que somente agora...?*

O Espírito, na verdade, Osório, cujos pais, Amália e Célio estão à sua frente, não sabe o que fazer. Sente vontade de abraçá-los, mas fica extático, olhando-os como que encantado por aquela visão.

– Você se encontra muito ligado ao ódio e a vibrações negativas e inferiores. Praticou muito mal, meu filho, porém há algum tempo, vem se sentindo cansado dessa vida, escravizado que se encontra a uma legião das trevas. Mesmo após encontrar Solange, hoje Selma e ter todo o apoio de outros Espíritos infelizes, também escravizados, já não consegue mais sentir tanto ódio por ela, pois é muito difícil vingar-se de quem em muito se modificou, em quem, pelo bem que vem praticando, mantém-se ligada aos trabalhadores do Mais Alto, dos mensageiros de Jesus, como é o caso desta pobre moça que tanto conhecemos. Você já sabe que passado é passado e que a vida recomeça para nós a cada dia, a cada instante, não é?

– Sim, minha mãe. Sinto-me cansado de tanto mal e, apesar do ódio que ainda sinto por Solange, por tudo o que me fez, não consigo sentir o mesmo por ela - diz, apontando para Selma -, agora com outra vida, com outras idéias, com outros sentimentos. Gostaria de ver-me frente a frente com aquela que tanto mal me causou, mas esta... não é mais aquela. Não sei o que está acontecendo comigo. Onde foi parar todo o ódio que eu sentia?

– Solange não existe mais, meu filho, apesar de ser ela mesma agora com outro corpo e vivendo nessa situação de tanta pobreza.

– Venha conosco, Osório – pede a mãe – Venha conosco.

– Eu irei – responde, já completamente envolvido

pelo amor de seus pais e deixando-se levar, abraçado a eles, em lágrimas.

Nesse instante, como que num passe de mágica aos olhos de quem nunca viu semelhante fenômeno, apesar de sua constância no mundo dos encarnados, Selma-Espírito, retorna ao seu corpo deitado na cama, acordando desesperada e com forte acesso de tosse, fruto da pressão sobre a sua garganta a refletir-se no corpo quando do retorno. Senta-se assustada e acende a luz do quarto.

– Meu Deus, esse terrível pesadelo, novamente!

Tosse, asfixiada, e, levantando-se, dirige-se até pequena janela, abrindo-a e procurando sorver largos haustos de ar puro.

– Deve ser essa tosse, que me acomete à noite, que me faz ter esses horríveis pesadelos...mas é sempre com essa mesma pessoa...quanto ódio possuía...por que sonho com isso, meu Deus? E o que será que ele quis dizer quanto a não engravidar? Não vou engravidar. Tenho tomado todas as precauções. Tenho feito as contas corretamente. Nem ao menos estou preocupada com isso... Não entendo...chama-me de assassina. Se tivesse condições de ir a um médico...acho que vou a um posto de atendimento médico da prefeitura...quem sabe o médico pode dar-me algum remédio que me faça dormir sem pesadelos...um calmante...sei lá...ou, então...quem sabe...talvez a patroa, dona Helena, possa ajudar-me...já vi alguns vidros de sonífero em seu quarto...pode ser que dê certo.

Selma dirige-se, então, a uma pequena cômoda num

outro canto do quarto, por sobre a qual encontra-se uma imagem em louça de uma santa e um pequeno vaso de vidro com uma flor de plástico já bastante desbotada. Faz, então, um sinal da cruz por sobre o rosto e o peito e profere nova prece rogando um sono tranqüilo, ao mesmo tempo em que, lembrando-se de Edson, pede à santa que intervenha para que ele possa encontrar um emprego digno, para que assim possam realizar o sonho que acalentam que é o de se casarem e de terem filhos.

* * *

– Meu Deus, estou perdendo a hora do trabalho – assusta-se Selma quando acorda no dia seguinte e verifica no relógio que já são oito horas da manhã – Dona Helena vai ficar possessa! Oh, meu Deus! Como isso foi me acontecer? Dormi demais.

Rapidamente, veste-se e sai correndo pela estreita rua, descendo uma íngreme escadaria que liga aquelas pobres moradias a uma avenida da cidade, já que a vila encontra-se plantada em um ponto um pouco mais alto. Toma um ônibus que a leva a seu destino depois de quase uma hora de viagem.

– Perdoe-me, dona Helena, perdi hora. Perdoe-me. Isso nunca me aconteceu.

– E espero que seja a última, Selma. Você precisa limpar toda esta sujeira da festa que demos ontem à noite.

– Pode ficar tranqüila. Deixarei tudo muito limpo, nem que tenha que sair mais tarde.

– Você está com a fisionomia de quem não dormiu bem esta noite. Caiu nalguma farra, Selma? Ontem não era dia: segunda-feira...

– Não, não, dona Helena. Não sou de cair em farra. Apenas tive um pesadelo e somente consegui dormir quando já era madrugada.

– Pesadelo? Que tipo de pesadelo? – pergunta, interessada, a mulher, pois há já alguns anos vem sofrendo também com horrível sonho, pelo menos uma vez por mês e que não consegue evitar, mesmo à custa de soníferos e de sessões de psicanálise. Sonha sempre com uma menina que lhe aparece numa estrada muito bonita, com muitas flores, caminhando em direção oposta e olhando-a por sobre os ombros. Nesse sonho, Helena tenta seguir a criança mas não consegue sair do lugar e a menina continua a caminhar até desaparecer no horizonte. E o que mais lhe impressiona é que a menina não lhe sorri, mas sim, derrama muitas lágrimas, parecendo sofrer muito. Logo em seguida ao desaparecimento daquela figura infantil, o cenário se modifica e ela parece estar dentro das entranhas de algo que não compreende, de coloração vermelha e que, pulsando, dá-lhe a sensação de estar afogando-se num líquido no qual encontra-se imersa. Lembra-se, ainda, da ameaça de um tubo flexível que procura atingi-la e é nesse momento que desperta sobressaltada, com o coração a pulsar em ritmo acelerado.

Selma, então, conta tudo à patroa, na esperança de que ela a ajude, talvez com algum medicamento.

– Engravidar, Selma? – pergunta-lhe a mulher –

Você, por acaso, vive maritalmente com seu namorado? Quero dizer, você e ele...

– Bem, dona Helena...eu...sim...tenho tido algum relacionamento mais íntimo com ele, mas tenho tomado todas as precauções e...

– Selma, pelo amor de Deus, não vá engravidar logo agora que estou tendo que realizar tantas recepções aqui no apartamento.

– Não se preocupe, não, dona Helena. Agora, se a senhora pudesse me ajudar quanto a esses pesadelos...

– Ajudá-la? E como eu poderia ajudá-la? – pergunta-lhe a patroa, recordando-se de que nem mesmo consegue ajudar-se a si própria.

– Bem...quem sabe a senhora poderia arrumar-me algum tipo de remédio que me fizesse dormir mais tranqüilamente. Talvez não tivesse mais esses sonhos horríveis.

– Remédio de nada vai adiantar-lhe, Selma, pois confesso a você que também possuo um pesadelo e que, até agora, nenhum medicamento foi capaz de impedi-lo. Faço psicanálise há muito tempo e também nada consegui a esse respeito. É lógico que com todo esse tratamento sinto-me melhor, mais calma, mas esse sonho nunca me abandonou.

– Quer dizer que a senhora também passa por problema parecido? E com o que a senhora sonha? Oh, desculpe-me pela inconveniência da pergunta.

– Tudo bem, Selma, não precisa desculpar-se. Eu é

que lhe peço desculpas, porque gostaria de não falar sobre isso, mesmo depois de você ter-me contado o seu sonho.

– Se a senhora não se sente bem em falar nisso, não tem problema algum.

– Obrigada – agradece, humildemente, a patroa – Quanto ao remédio para dormir, vou arranjar-lhe uma caixa para que experimente. Quem sabe em você, ele faça o efeito que não consigo obter.

– Agradeço-lhe muito.

– Mas preste bastante atenção, Selma. Se você estiver grávida ou vier a engravidar, não poderá continuar tomando esse medicamento, pois poderá prejudicar a criança. Nesse ponto também devo preveni-la de que não gostaria de ter uma arrumadeira grávida aqui pelo apartamento, certo?

– E quando eu casar?

– Bem, daí é diferente, pois poderemos planejar essa sua gravidez de acordo com a minha agenda de compromissos. Certo?

– Certo, dona Helena – concorda Selma, satisfeita com a conversa que está tendo com a patroa, mas, agora, um pouco incomodada pela maneira com que ela tratou o assunto gravidez, denotando mais uma vez o seu egoísmo, já que colocaria os seus compromissos acima de tudo.

– Então estamos combinadas. Na próxima vez que eu for ao meu médico falarei a ele a seu respeito e tenho certeza de que nos fornecerá a receita para a compra do remédio. E faço questão de arcar com os custos. Agora, ao trabalho, Selma.

– Muito obrigada, dona Helena.

* * *

São sete horas da noite e Selma ainda aguarda o namorado Edson que, todas as tardes, por volta das dezoito e trinta, vem apanhá-la à saída do prédio de apartamentos onde mora sua patroa, acompanhando-a até a vila onde moram.

– O que será que aconteceu que Edson não vem me buscar? – pergunta-se mais uma vez, preocupada - Será que não veio ainda porque arrumou um emprego e está trabalhando? Oh, meu Deus, tomara que seja por isso. Mas por que não me telefonou, avisando? Bem, pode ser que já no primeiro dia de trabalho não quisesse pedir permissão para usar o telefone. Talvez nem ao menos tenha telefone no lugar em que está trabalhando.

Pensando assim, retorna até a guarita de entrada do prédio e fala com o porteiro:

– Seu Adauto, o senhor poderia fazer-me um grande favor?

– Pode pedir, Selma – responde o homem, amavelmente.

– O senhor conhece o meu namorado, não? Ele vem buscar-me todos os dias.

– Conheço, sim: o Edson...

– Isso mesmo, o Edson.

– Quase todas as tardes nós conversamos um pouco até que você saia.

– Pois o que eu quero pedir-lhe é que se ele aparecer para buscar-me, diga-lhe que já fui embora.

– Ele está atrasado, hoje, não, Selma?

– Sim. Sabe, seu Adauto, acho que o meu Edson deve ter arrumado um emprego. Por isso está atrasado.

– Que bom. E onde ele estaria trabalhando?

– Eu não sei. Disse-me ele que um seu amigo iria arranjar-lhe essa colocação.

– Um seu amigo...- balbucia, pensativo, o porteiro, conhecedor das amizades de Edson, pois muito já conversara com ele e sabia que tipo de amigos ele possuía. Sentia pena de Selma pelo seu destino junto a um homem que, tinha plena ciência, não era, de maneira nenhuma, o genro com quem gostaria de ver sua própria filha casada.

– Sim, Edson possui muitos amigos.

– Fique tranqüila, Selma. Se ele aparecer, direi que você já foi para casa.

– E que ele me procure, seja a hora que for.

– Pode deixar, farei o que me pede.

– Até amanhã, então, seu Adauto, e muito obrigada pelo favor.

– Até amanhã.

Selma ganha a rua e dirige-se até um ponto de ônibus enquanto Adauto comenta em voz alta, olhando a moça que se distancia.

– Pobre Selma. Mais uma candidata à infelicidade. Que Deus a proteja.

– Está falando sozinho, Adauto? – pergunta Geraldo, o responsável pela manutenção dos jardins do rico prédio.

– Estou, sim, meu amigo e comentando comigo mesmo sobre um fato infeliz que antevejo acontecer.

– Você agora deu para adivinhar o futuro, homem?

– Existem certas coisas, Geraldo, que não é preciso possuir nenhuma faculdade especial para prever o que vai acontecer. A própria experiência da vida nos fornece os acontecimentos futuros.

– E de que você está falando?

– Da Selma. Pobre moça.

– Ah, isso eu também sou capaz de adivinhar. Por causa daquele seu namorado, não é?

– Isso mesmo.

– Aquele rapaz certamente vai fazê-la infeliz. É um malandro. Eu o conheço bem. Morei naquela vila até os vinte anos de idade, quando saí para me casar e ainda tenho muitos amigos lá. Você também já morou lá e sabe disso.

– E a Selma, criatura tão boa, não é capaz de perceber. Não merecia isso.

– O amor é cego, Adauto. Veja o exemplo de dona Rita, sua falecida mulher.

– Minha mulher?! – assusta-se o porteiro – O que tem a minha falecida mulher, heim, Geraldo?!

O jardineiro cai na risada com o assombro do amigo e complementa:

– Como lhe disse, o amor é cego. Se assim não o fosse você acha que dona Rita, que Deus a tenha a seu lado, teria se casado com você, com essa sua cara feia?

Adauto cai, agora, na risada também.

– Sou feio por fora, meu amigo, mas muito bonito por dentro. Pode crer, aliás, é o que Rita disse-me uma vez, brincando comigo.

– Disso tenho certeza, Adauto. Disso tenho certeza.

– Sabe o que acho que deveríamos fazer?

– O quê?

– Abrir os olhos de Selma e contar-lhe tudo o que sabemos sobre Edson.

– Você ficou louco, Adauto? Quer amanhecer com um tiro na cabeça? Aquele rapaz não nos perdoaria e você sabe...

– É...mas ainda assim...

– E não temos prova nenhuma contra ele, a não ser

as vantagens que ele nos contou e é lógico que irá negar tudo à Selma. Você acha que ela irá acreditar em quem?

– Infelizmente você tem razão. Disse-me ela que ele estava arrumando um emprego. Quem sabe...

– Vamos rezar para que ele esteja, realmente, com boas intenções.

– O que não acredito nem um pouco. Mas vamos aguardar os acontecimentos. Agora, de uma coisa você pode estar certo, Geraldo: gosto muito dessa moça e se aquele mau elemento a fizer sofrer, nem sei o que sou capaz de fazer!

– Fique calmo, Adauto. Fique calmo.

* * *

Selma, depois de mais hora e meia no ônibus circular, pois o trânsito estava bastante congestionado naquele horário, chega finalmente à vila e resolve passar na casa do namorado para verificar se dona Ester, sua mãe, tem alguma notícia dele.

– Boa noite, dona Ester – cumprimenta ao chegar no barraco, dois cômodos mais um banheiro, sendo que o maior serve de sala, cozinha e quarto da mulher; o outro, o quarto do filho. Assim como na moradia de Selma, poucos móveis possuem: um velho sofá, uma pequena mesa com uma televisão, algumas cadeiras, um aparelho de som, um fogão, duas camas e um guarda-roupa – A senhora tem notícias do Edson? Ele não foi buscar-me hoje e imagino que seja porque está para arrumar um emprego.

– Não sei dele, Selma – responde a mulher – Não o vejo desde ontem à tarde quando disse que ia até sua casa.

– Ele não veio dormir em casa? Está certo que tinha um encontro com um amigo às três da manhã, mas pensei que depois viesse para casa. – pergunta a moça, preocupada.

– Não, aliás, minha filha, Edson pouco dorme aqui.

– Não entendo...

A senhora abaixa a cabeça denotando um ar de tristeza e desconsolo, após o quê, torna a falar.

– Sente-se aqui, Selma. Penso que está na hora de lhe contar algumas coisas que muito me preocupam.

A moça percebe gravidade nas palavras da mulher e, sentando-se no sofá ao lado dela, pede-lhe:

– Por favor, dona Ester, fale. O que a está preocupando?

– Bem, minha filha, acho que devo abrir-lhe os olhos sobre o meu filho, apesar de que isso vai custar-me muito, principalmente porque o amo e gostaria, sinceramente, que tudo fosse diferente. Gosto muito de você também e sei o quanto é ajuizada e trabalhadora.

– O que está acontecendo? Pode falar e, por favor, não me esconda nada.

– Selma, infelizmente, meu filho anda envolvido com umas amizades que não aprovo.

– Amizades?

– Sim. Por diversas vezes, alguns desses seus amigos vieram até aqui e não gostei nada do que vi e ouvi.

– E o que foi que viu e ouviu, dona Ester?

A mulher fica alguns segundos em silêncio, como que para pesar bem as palavras que irá proferir, dá um profundo suspiro de resignação e começa a falar:

– Eles sempre começavam a conversa aqui na sala e depois, para que eu não pudesse ouvir o que diziam, passavam para o quarto de Edson, fechando a porta. Eu, então, abria a torneira do tanque de lavar roupa para que pensassem que eu me encontrava lá e vinha ouvi-los do lado de fora da porta.

– E sobre o que falavam?

– Nas primeiras vezes que fiz isso, não achei que a conversa deles era motivo para preocupação, porque falavam muito em arrumar um jeito de ganhar algum dinheiro, a fim de acertarem as suas vidas, de não passarem tantas dificuldades e poderem comprar um carro, uma casa, você sabe, essas coisas com que sonham todos os jovens pobres que moram nesta vila.

– Entendo...

– Até fiquei satisfeita com o que falavam porque via preocupação com o futuro por parte deles. Dessa maneira, fiquei algum tempo sem ouvir-lhes a conversa, até que um dia, quando um desses seus amigos aqui entrou, percebi que ele portava uma arma enfiada dentro do cós da calça.

– Uma arma? Que tipo de arma?

– Um revólver, Selma. Assim que ele me viu, procurou escondê-la melhor, enfiando-a toda para dentro da roupa. Fingi não ter visto e cumprimentei-o com toda a naturalidade possível.

– E daí...?

– Meu filho e esse seu amigo entraram no quarto e fecharam a porta. Então, como das outras vezes, abri a torneira do tanque e vim escutar o que diziam. Foi aí que comecei a entender sobre o que tanto falavam, sobre os planos que faziam quando estavam reunidos.

– E o que foi que ouviu, dona Ester? – pergunta Selma, bastante nervosa e angustiada.

– Falavam sobre drogas, Selma.

– Drogas?! – assusta-se a moça, sentindo um frio a percorrer-lhe a espinha, terminando por alojar-se em seu abdome.

– Sim, drogas.

– E que tipo de droga, dona Ester?

– Cocaína, Selma.

– Cocaína?! Meu Deus! E o que falavam? São viciados?

– Se usam essa droga eu não sei, minha filha. Pelo que pude ouvir, eles falavam sobre um novo ponto de venda no qual iriam trabalhar.

– Não consigo acreditar. A senhora tem certeza disso? Não teria se enganado sobre o que ouviu?

– Infelizmente, não. Diziam sobre um trabalho a ser desenvolvido em uma escola.

– Numa escola? Oh, meu Jesus, minha Virgem Santíssima! Edson não pode se envolver com isso. E quando foi que a senhora ouviu essa conversa?

– Já faz quase um mês.

– Não consigo acreditar. Edson metido nisso...espere um pouco...sim...agora me lembro...teve uma noite, penso que uma semana atrás, talvez, Edson falou-me sobre como funciona esse tipo de coisa. Até estranhei todo o conhecimento que detinha sobre esse assunto, mas não dei importância e fiquei a ouvi-lo. Pensei que estava falando por falar. Agora estou entendendo...ele me contava como os traficantes agiam, num trabalho de viciação nas escolas. Começavam a oferecer gratuitamente cigarros de maconha para os adolescentes e, depois, então, passavam para a cocaína até ficarem viciados nisso. Depois, se quisessem continuar com o vício, teriam que comprar a droga. Explicou-me, ainda, como se extrai a droga da planta. Realmente, ele pareceu-me um grande conhecedor do assunto.

– Estou muito preocupada com ele, minha filha, principalmente pelos amigos que possui. Não me simpatizei com nenhum deles. Possuem a expressão típica do marginal. Depois de alguns dias, nova reunião foi feita aqui em casa e vieram mais três. Percebi novamente que portavam armas.

– E a senhora sabe que ponto é esse? Onde se localiza, que escola é essa...?

– Sobre isso não sei nada. Mas o pior ainda não lhe contei.

– Pior?

– Sim. Ontem à tarde, voltaram todos a se reunirem aqui e percebi que quando um deles chegou, trazia uma sacola. Depois de algumas horas, todos saíram, inclusive Edson e, pelo que pude perceber, a bolsa ficara no quarto, pois ninguém a carregara de volta. Aí, então, fui ver o seu conteúdo. Ela estava escondida debaixo da cama.

– E a senhora a abriu...

– Sim. Eu a abri.

– E o que tinha dentro?

– Não sei dizer ao certo. Encontrei um pacote, um embrulho bem feito com um plástico grosso e todo fechado com fita colante, mas pude perceber, pelo tato, que deveria conter algum tipo de pó que deduzi ser cocaína.

– E essa bolsa ainda se encontra lá?

– Não. Ontem à noite fui dar uma outra olhada e ela não mais estava lá. Agora, uma outra coisa chamou-me também a atenção.

– O que, dona Ester?

– Naquele dia em que abri a bolsa, vasculhei uma gaveta de meu filho e encontrei muitos canudinhos, além de várias lâminas de barbear e pequenos pedaços de vidro, caprichosamente cortados.

– Eu sei do que se trata. A lâmina serve para dispor o pó no vidro e o canudinho, para aspirá-lo. Oh, meu Deus, como ele pôde envolver-se com isso?

– Tenho sofrido muito, Selma. Meu filho...não consigo acreditar, apesar de tudo levar-me à conclusão de que ele...

A mulher não consegue terminar a frase, prorrompendo em convulsivo choro. Selma a abraça, também não conseguindo conter as lágrimas.

– A senhora falou com ele sobre isso?

– Não tive coragem ainda, minha filha. Por isso resolvi contar-lhe tudo. Penso que ele talvez a ouça melhor do que a mim. Por favor, minha filha, fale com ele. Pelo amor de Deus.

– Vou falar, sim. Tenho que falar. Tenho que demovê-lo disso. Vou embora, agora. Assim que ele chegar, dona Ester, diga-lhe que passei por aqui e peça-lhe para ir até minha casa, qualquer que seja a hora.

– Pedirei, sim, e, por favor, minha filha, ajude-o. Penso que ele a ouvirá, pois sinto que a ama muito.

VIII

Nesse mesmo momento, no Plano Espiritual, na verdadeira dimensão da vida...

– Osório, meu filho, já não chega todo o sofrimento por que passou nas zonas inferiores, próximo à crosta, à procura de Solange, apenas para vingar-se? Não basta o quanto já foi enganado e escravizado por mentes perversas, inimigas de Jesus? E quanto a centenas de irmãos contra os quais foi implacável algoz, sem nem ao menos conhecê-los, apenas para cumprir ordens daqueles que lhe prometiam um reencontro de ódio e vingança? Como se encontra a sua consciência por todas essas maldades que cometeu? Já não chega?

– Estou arrependido por tudo o que causei a muitos inocentes, minha mãe, mas não consigo esquecer aquela ingrata e ainda sinto feroz ímpeto de supliciá-la. E a senhora e papai... não sei com que força... creio que com a força do amor, pois ainda os amo muito, conseguiram dominar-me, trazendo-me para este lar, ao lado de vocês, onde não

possuo forças necessárias nem para abrir a porta desta casa. Está muito difícil, mamãe. Está muito difícil. O ódio ainda é muito grande.

– Nós sabemos, meu filho, e fizemos tudo isso para o seu próprio bem e para que não volte mais a importunar a pobre Selma quando ela se emancipa em Espírito durante o sono, como tem feito ultimamente por várias noites, além de influenciar seu namorado daquela maneira. Fizemos isso para o bem dela, infeliz criatura que muito já pagou pelo mal que cometeu e que ainda, agora, enfrenta os duros embates de uma vida de pobreza e de privações, além de um calendário pleno de vicissitudes como benditas lições de aprimoramento espiritual.

– Pois não queria que passasse por todas essas provações, pois isso a faria tornar-se boa e resignada. Queria que passasse por momentos de muita luxúria e vícios, dos quais fazia questão de junto a ela usufruir, a fim de que se contaminasse mais e mais com a maldade que tanto semeou. Não queria que evoluísse. Queria que chafurdasse cada vez mais na lama do erro e do sofrimento. Desejava que retornasse para cá, onde eu mesmo a faria se encaminhar para aquela podridão em que vivi por todos esses intermináveis anos.

– E depois, meu filho? Imaginemos que você chegasse a conseguir esse seu intento, mas e depois? Quando ela estivesse sofrendo pela falta da matéria, ao invés de sofrer em busca da evolução, o que aconteceria? Teria você conseguido atingir o que tanto almeja ou apenas estaria

aumentando o seu próprio sofrimento? Não seria melhor que já a tivesse perdoado e se empenhado nesse seu novo caminho? Faça-o agora, em nome, pelo menos, do amor que um dia tanto nutriu por ela.

– *Está muito difícil, minha mãe. Meu ódio é maior que tudo. Já odeio até aqueles que se aproximam dela.*

– *Boa noite, filho – cumprimenta Célio, o pai de Osório, que retorna de seu trabalho de assistência àqueles que acabam de despertar, numa casa de saúde no Plano Espiritual, após intensivo tratamento de seus corpos perispirituais. Célio e sua esposa Amália habitam esse plano há mais de um século, quando desencarnaram e retornaram do plano terrestre. Depois de algum período de tratamento físico e mental, passaram a freqüentar escolas de aprendizado, transformando-se, então, em dedicados trabalhadores, iniciando nos trabalhos mais simples até alcançarem, no presente, atividades mais qualificadas. Dedicaram-se tanto aos desvalidos e necessitados que tiveram a bênção de localizarem seu filho Osório e trazê-lo até a Colônia. – Como se sente? Mais calmo? Creia que o que estamos fazendo é para o seu próprio bem e tenho certeza de que um dia nos agradecerá e a Deus por esta atitude que, apesar de lhe parecer constrangedora, é revestida de um grande amor que lhe dedicamos, nós, seus pais e toda esta colônia, principalmente de sua direção que permitiu-nos acolhê-lo em nossa casa.*

– *Pois já não agüento mais tanto sofrimento, pai.*

Sinto ódio e, ao mesmo tempo, ainda queima-me no peito uma avassaladora paixão por aquela ingrata.

– Meu filho, você precisa aceitar o fato de que essa criatura, que tanto odeia, já não é mais a mesma daquele passado tão distante, assim como eu e sua mãe que hoje, graças à benevolência de Deus, através do auxílio de seus Trabalhadores do Bem, nos encontramos totalmente modificados em nosso íntimo. Solange, hoje Selma, após muito sofrer pelos remordimentos de sua consciência, não é mais a mesma pessoa. Encontra-se em adiantado estado de compreensão, tanto que tem conseguido suportar com resignação a pobre e solitária vida que lhe está sendo proporcionada nesta sua nova oportunidade. E sabemos que muito sofrimento terá que passar ainda, a título de aprendizado.

– Tudo bem, pai, vocês já conseguiram superar tudo e suportam, resignadamente, as amargas lembranças do passado. Solange, por sua vez, de nada mais se lembra. Mas e eu?! O que faço da minha vida?! O que faço deste sentimento que me devora as entranhas e queima a minha mente com o calor da fúria e da paixão?!

– Pois é justamente sobre isso que quero falar-lhe esta noite após as nossas habituais orações.

Célio e Amália habitam um conjunto de moradias nessa Colônia de Socorro do Plano Espiritual, localizada bem próxima à crosta terrestre, onde Amália trabalha num departamento destinado a cuidar de crianças. Essa moradia foi por eles conquistada através de muitos anos de profícuo trabalho de assistência. Muitos desses conjuntos habitacionais enfileiram-se por toda a Colônia. São casas projetadas apenas com o indispensável, tendo a única finalidade de abrigar corações intimamente ligados no amor puro e no trabalho em conjunto, não possuindo esses habitantes nenhum título de posse sobre essas moradias. Ali permanecem pelo tempo que lhes for necessário, a título de empréstimo temporário. Milhares de outros Espíritos, trabalhadores dos mais diversos campos de atividades da colônia, moram em outros tipos de construções, sendo, a maioria, de caráter comunitário, onde cada um possui apenas o seu quarto para o repouso necessário. As demais atividades próprias dessas entidades espirituais como, por exemplo, a alimentação, são realizadas conjuntamente. O socorro ao filho Osório, que encontrava-se preso a uma legião de Espíritos, revoltados contra Deus, deveu-se ao grande merecimento de seus pais, Célio e Amália, que após longos anos de fiel serviço ao Bem, viram-se na condição de solicitar a intervenção de uma equipe de socorro em seu benefício. Essa legião do mal, à qual Osório achava-se prisioneiro, assim como a maioria delas que promovem o mal sobre os encarnados e desencarnados, geralmente são constituídas por Espíritos revoltados com a situação lastimável em que se encontram após a desencarnação de seus corpos de carne, vendo-se, de repente, despidos de todos os lauréis que detinham na Terra, lauréis estes conquistados através de atitudes menos dignas do poder que detinham. Libertos da carne, não encontram no Além, senão o que plantaram, ou seja, as sombrias estradas por eles mesmos construídas por suas mentes devotadas ao mal. Muitos foram religiosos, seguidos cegamente por fiéis a seus pensamentos, e que neles muito confiaram, tendo, entretanto, sido enganados e explorados em nome de Deus. Todas essas entidades, auto-sugestionadas pelas iludidas benesses que o poder lhes conferia no plano material, revoltadas e decepcionadas com o sombrio destino, revoltam-se contra Deus e unem-se em legiões comandadas por um líder natural, investindo contra tudo e contra todos. Na maior parte das vezes, são líderes religiosos que constituem verdadeiros tribunais de julgamento, colocando-se na posição de um Deus, à maneira como sua crença imaginava, condenando infelizes entidades desencarnadas a um grande sofrimento em verdadeiros campos de suplício comandados por eles. De outras vezes, fazem-nos prestar serviços de obsessão a encarnados, em troca de favores ou de satisfação de seus deleites, onde impera o poder, o sexo e a luxúria. Muitos dos que são por eles condenados, são escravizados e obrigados a trabalhos de obsessão, como foi o caso de Osório que, em troca de um dia ser-lhe possível vingar-se de Solange, prestou-se aos mais hediondos trabalhos desse gênero, sendo trazido até a colônia graças à colaboração de uma equipe de socorro, que proporcionou a Célio e Amália a sustentação necessária naquela noite em casa de Selma, onde conseguiram neutralizar a ação de Osório e trazê-lo até a colônia, permanecendo sob a sua guarda.

* * *

São oito horas e trinta minutos da noite quando Célio e Amália terminam de meditar sobre o Evangelho. Osório encontra-se sentado junto a eles em volta de uma singela mesa, porém não participa de maneira ativa do estudo, limitando-se apenas a ouvi-los maquinalmente, com o pensamento fixo em Solange, atual Selma. Célio faz uma oração de agradecimento e inicia uma conversa com o filho.

– Osório, sabemos que está sofrendo muito com todo esse seu confuso sentimento, entremeado de ódio e paixão, assim como pela consciência extremamente carregada pelos inferiores atos que praticou contra criaturas que tiveram a sua caminhada penosamente interceptada por seus desmandos obsessivos.

– Realmente, meu pai, apesar de estar convivendo com você e minha mãe aqui neste lugar, que reconheço poderia ser um oásis para mim, não consigo furtar-me a atroz sentimento que temo acabe me enlouquecendo, se já não o estou. Reconheço, também, a bondosa intenção de vocês em quererem me ajudar, mas penso que, somente pudesse eu morrer para todo o sempre, encontraria a íntima paz que tanto almejo. Mas, por mais me que falem, por mais tentem que eu corrija meus pensamentos, sinto que não o conseguirão. Não vejo solução para o meu caso. Quando estou na companhia de vocês, talvez pelo merecimento que possuem, conseguem enxergar-me com a minha antiga compleição, porém, basta que eu fique a sós, volto a envergar a minha real, horrenda e nauseante forma.

– Oh, meu Deus! – exclama Amália.

– Não queiram nunca ver a minha real aparência, pois nem toda a fé que possam ter, nem todo o amor que possam devotar-me, os livrarão do mal-estar que transmito.

– É sobre isso mesmo que quero lhe falar, meu filho – diz Célio.

– Sobre...

– A sua morte.

– Haveria a possibilidade?

– Não como a imagina, mas poderíamos cuidar para que pudesse morrer para esse passado que tanto o martiriza, além do que, poderíamos fazer com que resgatasse, dentro de suas possibilidades, todo ou, pelo menos, parte de todo o mal cometido. Dependerá apenas de você.

– Não está querendo dizer-me...não...isso não...

– É a única maneira, Osório.

– Não, pai. Não quero voltar. A carne, não. A carne foi muito cruel para comigo.

– A carne não é cruel, filho – diz Amália, abraçando-o junto a si – Nós é que somos cruéis para com ela. Mas Deus, em sua bondade infinita, nos dá sempre uma nova chance como a que nos oferece agora.

– A senhora quer dizer que reencarnaremos outra vez, os três? – pergunta Osório, demonstrando um certo alívio nas palavras da mãe.

– Não, – responde Célio – ainda não é chegada a hora

de eu e sua mãe retornarmos. Mas a sua hora, sim. E tudo já está devidamente programado. Apenas gostaríamos que essa providência não tivesse um caráter compulsório. Gostaríamos que entendesse e cooperasse com esse inevitável retorno, mesmo porque, não há mais como evitá-lo, pois o tempo é exíguo. Mas tenha a plena certeza de que a tudo estaremos acompanhando. Bem de perto. Eu e sua mãe.

– Não! Não posso! Não posso!

– Por favor, meu filho – insiste Amália –, não torne tudo ainda mais difícil. Será para o seu próprio bem.

– Não quero! Não quero esquecer-me de nada! Não posso esquecer aquela que foi motivo de minha perdição.

– Você irá esquecer os fatos, Osório, mas não a esquecerá, pois ela estará sempre ao seu lado, sustentando seus passos.

– O quê?! Não estão também querendo dizer-me que...

– Sim...Selma o receberá como filho.

– Não! Não! Oh, por que Deus me castiga assim?! Por quê?!

– Não existe castigo nos desígnios de Deus, Osório, pois Ele é bondade e amor. Ele está lhe oferecendo uma grande oportunidade de acabar com esse seu sofrimento e de fazê-lo também reencontrar-se com aqueles a quem tanto deve, para que possa reparar todo o mal praticado.

– Mas isso é um absurdo! Não quero! Não vou! Fugirei! Deixe-me sair, meu pai! Deixe-me sair!

– Acalme-se, filho.

– Mãe, por favor, deixe-me sair daqui. Deixe-me retornar para onde estava: nas sombras, sob a tutela, sob o comando de quem tem o poder sobre os criminosos e pecadores.

– Precisamos fazê-lo descansar, Amália. Façamos uma prece para que nosso filho possa se aquietar até o momento decisivo.

– Não! Não vão conseguir adormecer-me! Não vão! Não quero ser gerado pelas entranhas de Solange! Não quero ir para aquele pobre mundo em que vive. Não quero nascer nem dela e nem naquele lugar. Por favor, meu pai, minha mãe. Deixem-me ir! Não!

Célio eleva, então, seus pensamentos a Deus e a Jesus, rogando auxílio para aquele que, apesar de possuir a constituição física de homem formado, para eles nada mais é do que uma pobre criança. Aos poucos, Osório vai se aquietando, adormecendo profundamente.

– E agora, Célio? – pergunta Amália, preocupada com o filho.

– Esta noite mesmo, ele será levado para a casa de Selma onde será iniciado o processo de restringimento para sua nova encarnação. Façamos uma prece, Amália, em benefício de Osório e de Selma, sua nova mãe.

IX

– Eu juro, Selma, não tenho nada a ver com drogas. Confesso que conversamos, eu e meus amigos, sobre a possibilidade de distribuir cocaína, mas eu lhe juro, não concordei em fazer parte desse negócio. Não acho correto fazer essa maldade com adolescentes, crianças ainda.

– E o que aquela bolsa com a droga estava fazendo debaixo de sua cama, Edson?

– Apesar de eu não haver concordado, pediram-me para que a guardasse para eles até ontem.

– E se acontecesse alguma coisa e a polícia apanhasse todo esse material em seu quarto, Edson? Como iria explicar-se, como iria justificar-se?

– Você tem razão, mas pode ficar tranqüila que isso não tornará mais a acontecer.

– E onde você esteve até agora?

– Estive com aquele meu amigo. Arrumei um serviço decente, meu amor, e começarei a trabalhar amanhã mesmo. Terei que entrar às sete horas da noite e sair às três da manhã. Infelizmente, não poderei mais ir buscá-la no serviço.

– Não tem importância, desde que você esteja trabalhando decentemente. E que tipo de emprego é esse que você arrumou?

– Bem... – diz o rapaz, com humildade na voz – Vou trabalhar como lavador de pratos num restaurante, mas meu amigo me prometeu que, assim que houver uma oportunidade, poderei trabalhar como garçom. Diz que recebem muitas gorjetas. Não é um trabalho de grande importância, o de lavar pratos, mas, pelo menos, é alguma coisa e...

– Pois estou muito orgulhosa de você, Edson. Não interessa o que faça, desde que trabalhe honestamente e procure fazer o melhor possível. Você vai ver como tudo vai dar certo, meu amor, e desculpe-me por achar que iria fazer algo de errado. Sei que ficou tentado a isso e sinto muito orgulho e fico muito feliz em saber que não aceitou essa atividade, inclusive, gostaria que não mais mantivesse contato com esses seus amigos. E, por favor, fale hoje mesmo com sua mãe. Ela está muito assustada.

– É lógico que falarei com ela, Selma, assim que chegar em casa. Hoje, depois da meia-noite, ainda terei que me encontrar com esse meu amigo que irá me ensinar mais algumas coisas. Agora, não se preocupe e me dê um abraço.

E Selma entrega-se, novamente, àquele a quem tanto ama e em quem cegamente confia.

* * *

Já é perto de meia-noite quando, na cama, Selma lembra o namorado de seu compromisso:

– Não está na hora de ir para o encontro com aquele seu amigo, Edson?

– É mesmo. Deixe-me apressar para não chegar atrasado – responde o moço vestindo-se rapidamente.

– Onde fica esse restaurante e como é o nome dele?

– Fica bem no centro da cidade.

– Mas como é o nome?

– Sabe que não me lembro direito? Deixe-me ver...parece-me que é...não, não...não me lembro, Selma.

– Depois você me fala, então. E quando nos veremos novamente?

– Agora, só no sábado e domingo, durante o dia. Terei que trabalhar todas as noites, como já lhe disse, das dezenove horas até as três da madrugada.

– Eu entendo, apesar de que sentirei muito a sua falta.

– Eu também sentirei, Selma.

– Cuide-se, Edson.

– Fique tranqüila. Até sábado à tarde.

– Até sábado.

Assim que o rapaz sai, Selma deita-se novamente.

– Preciso dormir – diz para consigo mesma. – Oh, meu Deus, por favor, afaste de mim aquele sonho.

* * *

Na outra dimensão, no Plano Espiritual...

– *Não vai ser fácil, Célio. Apesar de tudo, Osório encontra-se, ainda, muito revoltado. Como tudo é difícil quando o orgulho, o ódio, o egoísmo e a falta de fé fazem morada no coração e nosso filho, apesar de todo o conhecimento que já possui a respeito das coisas da vida, do Universo, de Deus, não consegue ter a coragem necessária para dar o passo decisivo para o seu aprendizado, para a sua evolução.*

– *É verdade, Amália. Infelizmente, além de todos esses sentimentos inferiores, ele também sente muito medo do que o espera, apesar de saber e já ter plena convicção de que tudo isso será para o seu próprio bem e que reverter-se-á para a sua própria felicidade.*

– *Ainda está muito imaturo e temo que fracasse.*

– *Tenha fé, Amália. Muita fé. Será um resgate doloroso, mas estaremos sempre ao seu lado, amparando-o. São as leis da vida sempre voltadas para o Bem, nas quais todos devemos confiar porque emanam de Deus, nosso Pai e Criador. Se todos pudessem realmente ter consciência do que representa uma reencarnação no contexto total da eternidade, tudo seria muito mais fácil e mais rápido e com muito menos dor.*

– *Como a bonita e esclarecedora lição que o instrutor Anísio nos brindou há duas semanas, quando comparou o tempo e a coragem que deveremos ter perante uma nova encarnação com uma simples cirurgia médica.*

– *Sim, uma oportuna comparação. Lembro-me bem quando falou do medo por que uma pessoa na Terra passa quando se vê às voltas com a necessidade de uma simples cirurgia e que tanto sofre com isso.*

– *E que quando recebe a alta hospitalar, percebe o quanto de benéfico foi aquele procedimento médico que o livrou de um mal que tanto o fazia sofrer.*

– *Principalmente quando analisa que aquele instante de medo, aqueles poucos momentos de desconforto físico, se comparados com todos os anos já vividos e os por ainda viver, não são mais que um estalar de dedos dentro da contagem de tempo dessa sua vida.*

– *Imagine, então, a encarnação de um Espírito que pode durar, em média, setenta ou oitenta e poucos anos, comparada com a eternidade da vida. Esse tempo nem pode ser mensurado porque a cada minuto, a cada hora, a cada dia, a cada ano, a cada século, a cada milênio e assim por diante, vai diminuindo até quase ao zero, somente não atingindo esse nada, porque o nada não existe.*

• •

– Se toda a humanidade tivesse consciência disso, por certo não haveria mais atitudes menos dignas por parte de nenhum Espírito encarnado ou desencarnado.

– Felizmente nosso filho já compreende isso tudo, porém teremos que auxiliá-lo porque, apesar de sua compreensão, não sente coragem para enfrentar esse átimo de toda a sua vida, de sua eterna vida destinada à felicidade que Deus reserva para todos e que somente depende de nós mesmos abreviar o tempo para atingi-la. Osório encontra-se em fase de grande revolta e vai ter que reencarnar-se compulsoriamente e contra a sua vontade. Temo pela saúde de Selma.

– Nada tema, Amália. Osório já está em processo de restringimento e logo mais, se tudo ocorrer como imaginamos, será transportado ao útero materno. Aí entraremos com o nosso trabalho de magnetização sobre a mãe para que os sentimentos de revolta de nosso filho não lhe possam fazer mal.

– Oh, meu Deus, ajude-nos e ao nosso filho querido!

– Bem, agora, temos que ir, pois o orientador Anísio nos aguarda. Iremos com ele e a equipe de construtores até a crosta. Foram informados que o momento é chegado.

– Acompanharemos o momento do ingresso de Osório à carne?

– Sim. E você, Amália, participará ativamente dessa operação.

– Oh, meu filho! Que Deus o abençoe.

– *É chegada a hora* – avisa o orientador Anísio ao casal – *Vamos entrar.*

– *Vamos.*

* * *

No plano carnal, Selma, assim que adormece, desprende-se de seu corpo e vê-se, novamente, às voltas com o Espírito de horrenda compleição, só que sua forma lhe aparece mais diáfana, como se estivesse diminuindo de tamanho e se transformando. Desta feita, porém, ele não está só. Alguns outros Espíritos, a emitirem uma suave luz, o acompanham, trazendo-o preso, através de amarras luminosas. Selma olha aquela cena não mais assustada, mas com inexplicável sensação de carinho para com aquele Espírito masculino que, lentamente, como se estivesse movimentando-se em câmera lenta, debate-se sem resultados, tentando livrar-se das amarras e balbuciando sempre as mesmas frases:

– *Por favor, libertem-me. Não quero retornar à matéria, principalmente neste lar pobre e feio. Não a quero como mãe. Eu a odeio. Por favor, libertem-me.*

Selma, nesse instante, sente-se mais atraída pela entidade, movida por compaixão e um estranho amor. Aproxima-se, então, e afaga-o com as mãos, qual se fora uma criança e qual não é sua surpresa quando o Espírito, pouco a pouco, vai se modificando, diminuindo de tamanho e de forma até transformar-se num pequenino e delicado bebê, agora nos braços daquela mulher que, anteriormente o havia chamado de filho, enlaçada pelo homem que a acompanhava e que agora faz amoroso gesto de carinho naquela criaturinha. Em seguida, uma das entidades iluminadas, parecendo ser o chefe do grupo, dirige-lhe a palavra:

– *Selma, apanhe-o em seus braços e deite-se com ele em sua cama, ao lado de seu corpo carnal.*

Amália dá delicado beijo na face da criança e a entrega a ela. Selma percebe, então, que, aos poucos, os três, ela, o bebê e seu corpo material, vão se fundindo lentamente até retornar à antiga posição de encarnada, adormecendo logo em seguida. No dia seguinte, acorda com uma incompreensível alegria, apenas sentindo-se um pouco estranha fisicamente e, desta feita, não se recorda de seu desprendimento.

X

– Oh, que bom. Deus atendeu às minhas preces. Não sonhei mais com aquela horrível criatura.

Levanta-se e precisa apoiar-se na parede para não cair, sentindo repentina tontura.

– O que é isto?! – exclama, sentando-se na cama e deitando-se novamente – Meu Deus, que sensação! Parece que vou desmaiar.

Aguarda mais alguns minutos e quando percebe ter melhorado um pouco, senta-se, espera mais alguns segundos e levanta-se.

– Graças a Deus, melhorei. Será que estou com a pressão baixa? – pergunta-se – Mais tarde irei falar com seu Luiz da farmácia. Agora, devo apressar-me para não chegar atrasada novamente.

À noite, de volta do trabalho, Selma procura o farmacêutico que, medindo a sua pressão arterial, informa-lhe estar em condições normais. Mais dois dias se passam e

Selma levanta-se radiante. É sábado e poderá, finalmente, encontrar-se com Edson. Veste a melhor roupa que possui, comprada de segunda mão, e sai em direção à casa do namorado. Pensa em lhe fazer uma surpresa. Sabe que deve ter chegado de madrugada do trabalho, mas não pretende acordá-lo. Ficará conversando com sua mãe, dona Ester, até que ele se levante. Sente enorme felicidade dentro de seu coração apaixonado e faz todo o trajeto por entre as ruas da vila, exteriorizando essa sua alegria com todos os que encontra pelo caminho, brincando com as pessoas e com as crianças. Mais algumas ruas e chega, finalmente, ao barraco de Edson e qual não é a sua surpresa quando, em lá chegando, vê tudo fechado. A porta encontra-se trancada, assim como as duas pequenas janelas. Bate insistentemente sem obter nenhuma resposta. Chama pelo nome de Ester. Encaminha-se para um dos lados da morada e força a janela do quarto do rapaz, chamando-o. Ninguém responde.

– Você é Selma, não? – pergunta-lhe, então, uma senhora, moradora de um barraco ao lado.

– Sim. A senhora sabe o que aconteceu com dona Ester e Edson? Parece que não tem ninguém aqui.

– Tenho um recado para você, minha filha.

– De Edson?

– De dona Ester.

– E qual é o recado?

– Ela mandou dizer-lhe que precisou viajar e que assim que puder lhe dará notícias.

– Viajar?! Mas para onde?

– Não me disse. Apenas pediu-me que lhe dissesse isso.

– Mas e Edson? Não deixou nenhum recado?

– Não vi o moço.

– Não estou entendendo...

– É só isso que sei. Você é a namorada dele, não?

– Sim, nós estamos namorando, mas, por favor, diga-me mais uma coisa: quando foi que dona Ester lhe pediu que me desse esse recado?

– Foi ontem.

– E a que horas ela falou com a senhora?

– À tardezinha. Calculo que seriam umas três horas da tarde.

– E Edson não estava junto? A senhora viu quando saíram?

– Não vi, minha filha. Dona Ester veio até minha casa e pediu-me esse favor. Logo em seguida, fui até o armazém e quando voltei, o barraco já estava todo trancado.

– E dona Ester não disse à senhora para onde ia?

– Não me falou e nem perguntei. Você sabe...aqui fazemos poucas perguntas.

– Realmente, não estou entendendo. Será que Edson foi também?

– Por que você não pergunta ao Mauro?

– Mauro? Quem é Mauro?

– Um dos amigos do seu namorado. Ele mora na rua de baixo, bem naquela direção. Ele tem um bar. Você encontrará facilmente. É o único bar naquela rua.

– Pois vou até lá.

– Agora, gostaria de lhe dar um conselho, Selma.

– Um conselho?

– Sim. Se esse amigo de seu namorado, o Mauro, não lhe der a informação que deseja, por favor, não insista com ele.

– E por quê?

– Bem...não posso dizer muito...apenas siga esse meu conselho.

– Por favor, dona...

– Cleusa.

– Por favor, dona Cleusa, a senhora sabe de alguma coisa e não quer me falar? Por favor, diga o que sabe. Eu não falarei a ninguém sobre esta nossa conversa – pede Selma, um tanto desconfiada pelo jeito da mulher.

– Minha filha, aqui na vila, não devemos ficar fazendo muitas perguntas. Você sabe disso.

– Por favor...

– Eu não sei de nada, não. Apenas, peço-lhe que não

insista muito com esse Mauro. Ele está metido no tráfico e Edson é muito seu amigo. Você entende?

– Edson não tem a ver com isso, dona Cleusa. Isso eu posso lhe garantir.

A mulher abaixa a cabeça e limita-se a dizer:

– Tudo bem, filha, tudo bem. Apenas estou lhe avisando que não deve ficar fazendo muitas perguntas a esse tipo de pessoa como o Mauro. Tenha cuidado.

– Terei cuidado. Só me diga mais uma coisa: quando foi a última vez que a senhora viu meu namorado?

– Eu quase não o vejo, mas sei que chega tarde da noite. Na verdade, sempre de madrugada. Eu o ouço porque ele insiste em brincar com meu cachorro que late muito para ele, me acordando. Já lhe pedi para não fazer mais isso, mas você sabe como são esses moços: não ligam para o que dizem ou pedem os mais velhos. E tenho certeza de que já fazem duas noites que não o tenho ouvido chegar em casa.

– Duas noites? A senhora tem certeza? Talvez ele tenha atendido ao seu pedido de não brincar mais com o cachorro.

– Pode ser, minha filha. Mesmo assim, insisto, porque não tenho ouvido nenhuma conversa dele com a mãe. Você sabe, nestes barracos ouvimos tudo o que se fala ao lado.

– Mas o que será que está acontecendo? – pergunta-se Selma, preocupada e sem saber o que pensar.

– Bem, Selma, agora tenho que ir. Já lhe dei o recado e preciso voltar para o meu serviço.

– Oh, sim, dona Cleusa. Muito obrigada por tudo e se, porventura, a senhora tiver alguma notícia de Edson ou de dona Ester, por favor, avise-me. Por caridade.

– Pode deixar, minha filha, se souber de alguma coisa eu lhe aviso. Sei onde mora.

– Até mais, dona Cleusa e tenha um bom dia.

– Até outro dia e rezarei por você, filha.

– Que Deus lhe pague.

Selma olha, então, tristemente para o barraco e dirige-se até a próxima rua, à procura do bar de Mauro que, nesse momento, encontra-se cheio de rapazes e homens maduros, bebendo cachaça e jogando conversa fora. Alguns moços jogam bilhar. Quando se aproxima do estabelecimento, todos os olhares voltam-se para ela e assim que ali entra, não pode deixar de ouvir algumas exclamações quanto à sua beleza. Alguns mais ousados, chegam a aproximar-se, balbuciando algumas palavras e convites inadequados. Um rapaz por detrás do balcão faz, então, um som sibilado com os lábios, o que faz com que a turba se aquiete e retorne aos seus lugares, não mais se ouvindo nenhuma interjeição em direção a Selma.

– Pois não, moça, em que posso servi-la? – pergunta o moço, cortês.

– Você é Mauro?

– Sim, sou eu. O que deseja?

– Meu nome é Selma e sou namorada de Edson.

Mauro não disfarça uma expressão de desagrado ao ouvir aquele nome.

– Sim...?

– Bem, fiquei sabendo que vocês são amigos...

– Somos, sim. Muito amigos – responde o rapaz, na tentativa de ouvir o que a moça tem a lhe dizer.

– É que estive em sua casa e estava tudo fechado. A vizinha, então, informou-me que a sua mãe, dona Ester, havia deixado um recado para mim, dizendo que estariam viajando. Mas Edson não me disse nada a respeito. Você, por acaso, sabe alguma coisa com relação a essa viagem, ou, pelo menos, o que estaria acontecendo que precisaram viajar, assim, tão de repente?

– Bem, moça, já faz alguns dias que não me encontro com o seu namorado e, inclusive, tanto quanto você, estou surpreso com essa notícia. Realmente, nada sei a respeito.

– E você conhece algum outro amigo dele com quem eu poderia tentar alguma informação?

– Não creio, moça. Somos todos amigos comuns e ninguém comentou nada sobre alguma viagem.

– Mas você não faz nenhuma idéia do que pode ter acontecido?

– Olhe, Selma, se você que é sua namorada não sabe nada a respeito, o que eu poderia saber?

– Está bem, acho que tem razão. Até logo e obrigada pela atenção.

– Não há de quê, moça.

O rapaz dá a volta no balcão do bar e acompanha Selma até a porta. Todos os presentes permanecem em silêncio até que ela saia, após o que, grande algazarra toma conta do local. Selma aperta o passo e retorna à casa. Lá chegando, deixa-se cair sobre o leito, irrompendo em amargo choro.

– O que será que está acontecendo, meu Deus? Para onde será que viajaram e sem me dizerem nada? Edson poderia, ao menos, avisar-me. Sinto que algo de ruim está ocorrendo. Se, pelo menos, soubesse que restaurante é esse onde trabalha. Será que ele foi junto com sua mãe ou será que ela foi sozinha? Pode ser que Edson ainda apareça aqui. Talvez dona Ester tenha algum parente e tenha ido visitar...ou um caso de morte ou de doença na família...Tomara, meu Deus, que nada de grave tenha acontecido e que Edson ainda venha até aqui, hoje mesmo.

E dessa maneira, Selma consegue se controlar sentindo um pouco de esperança. Levanta-se, então, e prepara algo para comer. De repente, tem uma idéia:

– Será que seu Adauto, lá do prédio, não saberia dizer-me onde é o emprego de Edson? Pode ser que ele tenha telefonado ontem para o prédio depois que saí e contado a ele. Acho que vou até lá. Mas e se ele aparecer por aqui, enquanto eu estiver fora?

Pensando assim, Selma sai do barraco e chama por um garoto que mora ali vizinho.

– Chico! Chico!

– O que você quer, Selma?

– Oh, Chico, preciso de um grande favor seu.

– E o que eu vou ganhar com isso? – pergunta o menino.

– Pago-lhe um sorvete. Topa?

– Topo. O que tenho de fazer?

– É muito fácil, Chico. Você só terá que ficar aqui do lado de fora de meu barraco. Se o Edson aparecer...você conhece o Edson, meu namorado, não?

– Conheço.

– Pois, então, fique sentado aqui perto da porta. Se Edson aparecer, você pede para ele me esperar. Tenho que ir até o prédio de minha patroa e já volto. Está bem?

– Pode deixar comigo, Selma. Farei o que me pede e não arredarei o pé daqui.

– Muito obrigada, Chico. Você é um bom menino.

Selma toma rapidamente um ônibus e dirige-se até o prédio em que trabalha, onde encontra seu Adauto na portaria.

– Veio fazer hora extra, Selma? – pergunta o porteiro, sorrindo ao ver a moça chegar.

– Hoje não, seu Adauto. Vim, apenas, para falar-lhe. Gostaria de lhe fazer uma pergunta

– Pois fale, Selma. Pode perguntar.

– Por acaso, Edson telefonou para cá ontem à noite quando eu já tinha saído e falou alguma coisa sobre o seu emprego? Disse-me que era num restaurante no centro da cidade, mas quando lhe perguntei o nome, não conseguiu lembrar-se.

– Não me falou nada, não, Selma, aliás, já faz alguns dias que não o vejo. Desde o dia anterior àquele em que você foi embora sozinha.

A moça faz uma expressão desconsolada que não passa despercebida do porteiro.

– Algum problema, Selma?

– Não sei, seu Adauto. Edson e dona Ester, sua mãe, foram viajar e não sei para onde foram.

– Como assim? – pergunta, curioso.

Selma conta-lhe, então, tudo o que acontecera, inclusive a conversa que tivera com Edson há dois dias, evitando, no entanto, falar sobre a droga.

– E você veio até aqui para saber se ele havia me falado sobre o seu novo emprego...por que não me telefonou?

– Achei melhor vir pessoalmente, pois tinha muita

esperança de que o senhor soubesse e, dessa forma, já estaria mais perto do centro da cidade. Pensava em ir até esse restaurante.

– Sinto muito, Selma, mas não posso dar-lhe nenhuma informação. Agora, o que mais me estranha é o fato de ele não lhe dizer nada a respeito dessa viagem. Você não sabe se eles têm parentes em outra cidade?

– Edson uma vez contou-me que possuía parentes no nordeste, mas que já fazia muitos anos que sua mãe não os via ou lhes escrevia e que ele mesmo não os conhecia.

– Assim fica difícil, Selma. Agora, pode ser que Edson não tenha ido junto com a mãe e que logo, logo, ele vá procurá-la para explicar-lhe tudo – diz seu Adauto, na tentativa de reanimar um pouco a moça que encontra-se muito aflita.

– Tomara que isso aconteça, seu Adauto. Estou muito assustada.

O homem sente ímpeto de falar-lhe tudo o que sabe sobre Edson, mas não sente coragem, pois sabe que poderá magoá-la ainda mais.

– Vou voltar para casa, seu Adauto. Deixei um garoto lá em frente do barraco para o caso de Edson aparecer.

– Procure descansar um pouco e, por favor, se necessitar de alguma coisa, basta ligar-me. Vou dar-lhe o meu telefone particular e, como já lhe disse, se precisar de qualquer coisa, é só me procurar. Irei correndo ao seu encontro.

– Muito obrigada, seu Adauto. Que Deus lhe pague. Penso que o senhor é o melhor amigo que tenho, aliás, posso lhe dizer: o único.

– Fico muito contente por considerar-me seu amigo, o que, realmente, sou. Pode contar sempre comigo.

– Tchau, seu Adauto.

– Até mais, Selma.

O porteiro fica pensativo. Sabe que Edson deve estar lhe enganando e fica possesso com isso. Sente um carinho muito grande por ela e seu coração encontra-se tão oprimido que se desconcerta, ficando a matutar sobre o que realmente sente pela moça, assustando-se com seus próprios pensamentos.

– Meu Deus, por que sinto tamanha emoção cada vez que a vejo? Pensava que fosse um tipo de instinto paternal, mas, não sei...parece-me algo muito mais forte. Será apenas uma atração física? Cada vez que a vejo, sinto uma enorme vontade de abraçá-la, de...ora, pare com isso, Adauto. Não vê que ela tem idade de ser sua filha? Tem pouco mais de trinta anos e você, quarenta e oito. Será...? Não, não pode ser. Deve ser porque já estou viúvo há cerca de três anos. Não, não pode ser amor. Oh, meu Deus, será que estou me apaixonando por ela? Nunca senti nada assim antes. Basta que eu a veja, que o meu sangue parece angariar vida nova e pulsar violentamente por todo o meu corpo. Será amor? Não, não posso passar por provação como essa.

XI

Selma, por sua vez, depois de mais de uma hora no ônibus circular, chega em seu barraco e sente-se mais deprimida ainda quando o garoto informa-lhe não ter vindo ninguém procurá-la. Dá uns trocados para o menino e dirige-se novamente até o barraco do namorado, sentindo enorme vazio no peito e uma grande revolta começa a substituir a sua tristeza.

– Por que está fazendo isso comigo, Edson? – lamenta-se, intimamente – Custava entrar em contato para avisar-me? Não posso crer que não imaginou que eu ficaria desesperada com isso. Deve, realmente, ter acontecido algo de muito grave. Mas o quê? Será que ele mentiu a respeito do emprego? Pode até ser, porque não lembrar-se do nome do restaurante...será que está, mesmo, metido com esse negócio de drogas e teve que fugir? Mas abandonar-me desse jeito...Quando ele aparecer, nem sei o que sou capaz de fazer.

Chega no barraco de dona Ester, mas tudo continua

como de manhã: fechado e em completo silêncio. Força a porta na tentativa de abri-la, mas em vão. Tenta uma das janelas e não consegue. Tenta a outra, sem nada conseguir. Dá a volta e, num ímpeto desesperado, arremete o seu corpo contra a porta dos fundos, conseguindo escancará-la com grande estrondo, pois, de tão velha e já apodrecendo, não agüenta o choque e solta-se das dobradiças, tombando ao chão. Selma assusta-se com o ocorrido, procurando colocar a porta novamente em pé. Acende as poucas luzes e encaminha-se até o quarto do rapaz. Na cama, não há mais lençol e nenhuma coberta. Abre o guarda-roupa e sente enfraquecerem-lhe as pernas com o que vê: o móvel encontra-se completamente vazio. Edson havia levado todas as suas roupas, o mesmo ocorrendo com dona Ester, que ali também guardava os seus poucos trajes. Retorna à sala. A cama da mulher encontra-se também vazia. O aparelho de televisão e o conjunto de som não se encontram mais lá, tendo ficado apenas o velho sofá e a mesa, sem nada por cima, a denotarem o abandono daquele barraco. Numa prateleira, onde dona Ester guarda os mantimentos, apenas alguns poucos pratos e uma xícara com a borda quebrada.

– Foram embora, mesmo – choraminga Selma – Fugiram. Levaram tudo. O que está acontecendo, meu Deus?!

Nesse momento, a vizinha, que ouvira o barulho da porta sendo arrombada, entra na sala, abraçando a moça e afagando os seus cabelos, ao mesmo tempo em que a leva até o sofá, sentando-a nele e acomodando-se ao seu lado.

– Não chore, minha filha, não chore. Aquele rapaz não merece o seu sofrimento. Não quis lhe dizer nada, hoje de manhã, mas Edson não presta. É um malandro, um "boa vida" que só faz a mãe sofrer.

– Por que a senhora me diz isso, dona Cleusa? O que a senhora sabe, que eu desconheço?

– Olhe, Selma, sei que você é uma boa moça, de bons sentimentos, boas intenções, trabalhadora e aconselho-a a esquecer esse cafajeste que é seu namorado. Ele não serve para você e sei que muito a fará sofrer se casar-se com ele, aliás, já está sofrendo.

– Eu não entendo. Diz que quer se casar comigo e fazer-me muito feliz. Sei que ele é um pouco sonhador, sonha em ser rico, possuir coisas, mas confio em seu amor e que tudo fará por mim. Até já arrumou um emprego num restaurante. Disse que ia começar a trabalhar na quarta-feira.

– Em que restaurante ele está trabalhando, Selma?

– Em que restaurante...? – atrapalha-se a moça.

– Sim. Qual o nome desse restaurante?

– Eu não sei.

– Como não sabe? Ele não lhe falou? Você não lhe perguntou?

– Perguntei.

– E, então?

– Ele disse que não se lembrava do nome.

– Seu namorado tinha a intenção de trabalhar num restaurante de que nem ao menos se lembrava do nome?

– Pois é...

– Minha filha, abra os seus olhos, enceguecidos pelo amor e pela paixão. Coloque um pouco a razão acima desse sentimento e raciocine um pouco. Não há lógica, Selma. E, agora, por que ele sumiu sem lhe dar nenhuma satisfação, heim? Sei que estou sendo um pouco dura com você, mas é para o seu próprio bem. Reflita, minha menina. Reflita.

– Acho até que a senhora tem razão nisso, mas o que mais sabe sobre ele, dona Cleusa? Percebo que não gosta dele e que deve ter os seus motivos para isso.

– Venha até minha casa e vou lhe mostrar o motivo - convida a senhora, decididamente.

– Até sua casa?

– Sim, venha comigo.

Selma acompanha a mulher até o barraco vizinho, simples e pobre como o seu e o de dona Ester.

– Com licença, dona Cleusa.

– Não precisa pedir licença, menina. Sinta-se em casa.

– Obrigada.

– Venha até aqui – pede a mulher, encaminhando-se até uma pequena e velha cristaleira, por sobre a qual encontra-se somente um porta-retratos e um vaso com flores. O rosto de um jovem de pouco mais de catorze anos ali se encontra. Um lindo menino de olhos vivos e alegre sorriso nos lábios.

– Este era Alfredinho.

– Era?

– Sim. Era. Hoje só me resta esta fotografia e uma grande saudade. Ele está morto.

– Seu filho?

– Sim. Nesta fotografia ele contava com catorze anos, mas morreu aos dezessete.

– E por que está me mostrando isso?

A mulher apanha o porta-retratos e o encosta ao peito, como se estivesse abraçando o filho com muita ternura. Grossas lágrimas começam a lhe brotar, enternecendo o bondoso coração de Selma que, oprimido por tudo o que está acontecendo, também não consegue conter algumas lágrimas que, teimosas, escapam-lhe dos olhos, molhando o grosseiro e áspero cimento que serve de piso ao pobre barraco. De repente, as faces da senhora se enrubescem e estranho brilho acomete o seu olhar, agora duro e implacável, ao mesmo tempo em que, recolocando o porta-retratos de volta ao móvel, desfere, com a mão fechada, um soco no próprio peito, assustando Selma.

– Maldito traficante! Maldito! E maldita seja a minha covardia que não consegui vingar-me como deveria!

Agora, as lágrimas de dona Cleusa brotam como uma fonte quente de ódio e revolta.

– Meu Deus, dona Cleusa, acalme-se – pede a moça, enlaçando-a pelos ombros e encaminhando-a até uma cadeira – O que aconteceu? Por que tanto ódio? De que traficante a senhora está falando?

– De seu namorado, Selma. Maldito seja ele que tirou a vida de minha criança!

– De meu namorado?! Do Edson?! Não estou entendendo.

– Pois vou lhe contar. Vou lhe contar. Você precisa saber.

Selma sente-se trêmula e apavorada, pois teme pelo que a mulher possa lhe revelar. Teme por uma verdade que não tenha condições de suportar. Mesmo assim, pede à senhora que lhe conte tudo o que sabe. Dona Cleusa procura recompor-se, contendo a arfante e nervosa respiração. Quando o consegue, inicia a narrativa:

– Meu filho, Selma, era um jovem alegre, apesar de toda a nossa pobreza. Tinha muitos sonhos. Queria ser doutor, sabe? Eu sabia que isso seria muito difícil, mas ele tinha muita força de vontade e nunca deixou de freqüentar a escola do bairro, lá embaixo. Dizia ele que se estudasse bastante, poderia, um dia, entrar para uma faculdade do governo que é gratuita. Estudava bastante e trabalhava, vendendo sorvete com um carrinho, para auxiliar nas despesas da casa. E eu fazia questão de guardar um pouquinho do que ele ganhava para custear o material escolar de que necessitasse. Era um menino muito amoroso, cuidadoso com suas coisas e vivíamos felizes. O único sofrimento que havia nesta casa era o de que Alfredinho não se conformava em não ter conhecido o pai. Sou mãe solteira, sabe? Entreguei-me a um homem que não soube assumir o seu compromisso e simplesmente sumiu quando soube que eu estava grávida. E eu fui um pouco imatura na educação de meu filho, por não lhe contar toda a verdade. Desde pequeno, dizia-lhe que o pai havia morrido e que tinha sido um bom homem, até o dia em que uma senhora aqui da vila, por pura maldade, contou toda a verdade ao garoto. Daí, então, ele revoltou-se comigo, por ter-lhe mentido. Procurei, por todas as formas, fazer com que ele compreendesse a minha situação de mulher ignorante que não pesou bem as conseqüências ao mentir-lhe sobre o paradeiro do pai.

– A senhora sabia onde o pai se encontrava?

– Nunca soube, mas havia lhe mentido sobre a sua morte. E Alfredinho me culpava por não ter querido nunca saber de seu paradeiro, porque se eu soubesse, ele poderia ir atrás do pai. Dizia ter certeza de que o pai o reconheceria. Tem certas coisas, Selma, que eu não consigo entender. Meu filho revoltou-se comigo por ter-lhe mentido e amava o pai, mesmo sabendo que ele o abandonara. Dizia sentir que o pai deveria estar arrependido do que fizera e que deveria estar sofrendo por não saber onde ele estava. E fiz mais um sacrifício por ele: não lhe disse que se o seu pai quisesse poderia vir vê-lo, pois que sempre morei nesta vila e daqui nunca saí. Mas preferi manter vivo o seu amor pelo pai, mesmo porque, talvez não acreditasse mais em mim.

– A senhora deve ter sofrido muito.

– Muito, minha filha, mas não me importava porque o meu filho, apesar de tudo isso, ainda me amava muito, apesar de sofrer porque queria, de qualquer maneira, conhecer o pai. Continuava a estudar normalmente, inclusive tirando boas notas e sendo muito elogiado pelos professores. Tinha um, o professor Leonardo, que chegou a dizer-lhe que quando chegasse o momento de prestar um vestibular, que o procurasse, pois queria ajudá-lo. Trabalhava bastante. Quase não saía de casa, a não ser quando acontecia alguma festa gratuita. Era um bom menino, até que aconteceu a tragédia. Até que seu namorado, um dia, sem que eu pudesse perceber sua real intenção, começou a influenciá-lo.

– Influenciá-lo? Não entendo.

– Edson aproximou-se dele e o conquistou com toda a sua lábia, com toda a sua fala macia e falsa.

– Edson?! A senhora tem certeza do que está dizendo?

– Sei que será difícil para você aceitar a verdade, minha filha, mas ouça o que tenho a lhe dizer. Sempre fomos vizinhos, eu e dona Ester. Acontece, Selma, que seu namorado, não sei de que maneira, incutiu em meu filho idéias de uma vida fácil, de prazeres. Tudo teve início quando ele o convidou para acompanhá-lo numa festinha, num desses bailes que comumente ocorrem no bar do Mauro. Você deve tê-lo conhecido.

– Sim.

– Eu não sei que força teve esse Edson para transformar tanto o meu filho, mas o que sei é que, em pouco tempo, meu filho estava perdidamente viciado nas drogas.

– Mas ele não era um bom menino? Estudioso? Amoroso?

– Era, minha filha. Acontece que o Edson conseguiu aumentar a sua revolta por não poder encontrar o pai. Sei disso, porque quando Alfredinho começou a mudar o comportamento, revoltando-se com tudo e quase não me respeitando mais, toda a vez que eu tentava chamar-lhe à razão, dar-lhe bons conselhos, ele argumentava que seu grande amigo Edson pensava diferente de mim e que eu era uma...re...retró...não sei direito como se diz...retrógrada, penso. Uma pessoa fora do tempo em que vive. Que eu era muito acomodada, muito conformada e que Edson havia lhe provado que ele nunca conseguiria ser alguém, porque no mundo não existiam chances para um pobre coitado que morava num barraco e que somente ele, Edson, conseguiria dar-lhe tudo o que necessitasse e que muito estava aprendendo com ele.

– Não consigo acreditar.

– Cada vez que eu tentava falar com meu filho, ele colocava a figura desse maldito entre nós, exaltando-o e humilhando-me. Começou, então, a sua queda. Não mais tirava boas notas na escola e parou de trabalhar com os sorvetes. De vez em quando, aparecia vestindo roupas novas, tênis caros e quando eu lhe perguntava onde tinha arrumado tudo aquilo, respondia-me que amigos de Edson o havia presenteado.

– Mas que interesse Edson poderia ter para com seu filho?

– Vou lhe explicar. Seu namorado, Selma, sempre esteve envolvido com drogas. Não era viciado, mas ajudava no tráfico.

– Não consigo acreditar, dona Cleusa. Ele mesmo me disse que lhe ofereceram esse tipo de serviço e que não aceitara, pois não concordava em prejudicar jovens inocentes.

– Pura mentira, Selma. Pura mentira. É um patife! Vou lhe contar tudo: Alfredinho tinha um bom relacionamento na escola, principalmente pelas notas que tirava e pelo auxílio que prestava aos outros alunos, dando-lhes explicações sobre determinadas matérias nas quais eles tinham dificuldade. Era um garoto muito admirado e que, facilmente, conseguia influenciá-los. Era isso o que Edson queria dele. Fez dele um aliciador de jovens para a droga. Meu querido filho, inocente, que é assim que o vejo, transformou muitos coleguinhas seus em pobres viciados. E o pior de tudo isso, é que ele, por esse seu trabalho, tinha acesso fácil às drogas, viciando-se igualmente.

– E como ele veio a falecer?

– Quando percebeu que estava errado, quis sair dessa vida. Um dia, procurou-me dizendo estar muito arrependido com o caminho que tomara e queria que eu o perdoasse e o ajudasse a livrar-se desse mal. Procurei, então, aquele seu professor Leonardo que, comovido com a nossa história, prometeu ajudá-lo. Levou-o a um médico seu amigo que, em pouco tempo, já estava conseguindo libertá-lo desse maldito vício. Alfredinho não mais estava fazendo uso de drogas. O médico disse que ele havia tomado uma decisão na hora certa, pois não estava ainda tão entregue a essa escravidão. Ele estava tão contente...

– E daí...

– Acontece que quando Edson ficou sabendo que havia perdido um trabalhador do vício, entregou-o, ou seja, delatou-o aos membros da quadrilha das drogas, que o assassinaram.

– E como foi isso, dona Cleusa? – pergunta a moça, tremendamente assustada com tudo o que lhe estava sendo revelado.

– Meu filho foi encontrado morto, de madrugada, num beco da vila. O médico legista informou-me que ele morreu por causa de *overdose* de uma droga injetável.

– Mas a senhora disse que ele já não mais era um viciado.

– Não só não era mais, como nunca havia usado injetáveis. Tenho certeza de que aplicaram essa *overdose* nele para que morresse e pensassem que fora ele próprio o autor de sua morte.

– Oh, meu Deus! Não posso acreditar. E a senhora, o que fez?

– Nada, minha filha, nada. A polícia deu o caso por encerrado e eu não tinha provas, apesar de ter certeza do que havia ocorrido. Tive, também, muito medo desses marginais e fiquei quieta, mesmo tendo que, constantemente, encarar Edson que, indiretamente, considero o assassino de meu filho. Tenho, também, muita pena de sua mãe, dona Ester, que muito deve estar sofrendo com ele.

– Mas tudo isso parece um pesadelo!

– Um pesadelo sim, minha filha, e se Deus assim o permitir, você não mais sofrerá ao lado desse homem. Espero, Selma, de todo o coração, que você não continue esse seu namoro com ele. Esqueça-o, para o seu próprio bem. Sei que sofrerá muito no início, mas pode ter certeza de que poderá ser muito mais feliz no futuro. Existem homens muito bons por aí e saberá encontrar aquele que lhe trará a felicidade.

– Estou sofrendo tanto, dona Cleuza...

– Sei disso, minha filha, mas Deus a ajudará. Pode ter absoluta certeza e, para tanto, será preciso que colabore com Ele para que isso aconteça. Não espere milagres. Espere, sim, muitas oportunidades que Ele colocará à sua frente, mas que terá que percebê-las e somente conseguirá isso, se estiver com o coração pleno de humildade e amor. Sei que é difícil para você entender como uma mãe que perdeu o filho de maneira tão trágica possa estar falando dessa maneira, mas confio em Deus e sei que ele terá contemplação para com meu Alfredinho, pois ele já havia abandonado essa vida. Na verdade, uma criança, ainda.

– E dona Ester sabe de tudo isso, dona Cleusa?

– Não, Selma. Aquela senhora é uma santa e nunca tive coragem de dizer-lhe que foi seu filho quem provocou toda essa desgraça que culminou com o homicídio frio, covarde e caluniador de Alfredinho. Apenas há poucos dias ela desabafou comigo a sua preocupação com as amizades de Edson, principalmente porque havia descoberto uma sacola com um pacote que parecia conter estranho pó.

– Ela falou-me sobre esse fato.

– Falou? E você não percebeu as atividades de seu namorado?

– Quando falei com Edson sobre isso, ele me afirmou que não concordara em trabalhar com esse tipo de coisa. Disse-me que estava apenas guardando a sacola para os seus amigos. Inclusive, falei-lhe do perigo que estava correndo, guardando droga em sua casa; que se a polícia descobrisse, não iria acreditar que ele não estivesse envolvido.

– Selma, peço-lhe encarecidamente: acredite em tudo o que lhe contei. Não estou mentindo, nem imaginando coisas. Só Deus sabe o que eu e meu filho passamos. Quando Alfredinho resolveu sair dessa vida, contou-me tudo sobre Edson e que não havia sido o primeiro a ser aliciado por ele.

– A senhora não pode imaginar como estou sofrendo, dona Cleusa. Amo muito esse homem e quase não consigo acreditar. Como não pude perceber antes?

– Como já lhe disse, minha filha, você vai sofrer, mas creia que, com o tempo, agradecerá a Deus por ter-se libertado desse amor. Dê tempo ao tempo e confie em Jesus. Você merece ser feliz e vai conseguir.

– E a senhora faz idéia do porquê de terem abandonado este lugar e sumido, assim, tão misteriosamente?

– Não sei, Selma, mas só posso imaginar que Edson precisou fugir às escondidas...talvez uma briga interna na própria quadrilha de que fazia parte e por isso não a procurou. Não poderia contar a ninguém sobre o seu paradeiro. Agora, devo lhe prevenir que você pode estar correndo perigo.

– Correndo perigo?!

– Sim. Acredito que essa quadrilha deve estar procurando localizar seu namorado e logicamente irão procurá-la para forçá-la a dizer para onde ele foi.

– Meu Deus!

– Foi por esse motivo que sugeri que você fosse, hoje de manhã, perguntar ao Mauro sobre o paradeiro de Edson.

– Não entendo...

– Foi uma tentativa de fazê-lo crer que você, realmente, não sabia de nada. Só não sei se ele acreditou.

– Deve ter acreditado, pois tenho certeza de que percebeu que eu não estava fingindo.

– Mesmo assim, penso que deve sumir por uns tempos. Mauro pode ter acreditado, mas e os outros?

– Sumir?! E para onde? Não tenho ninguém. Nenhum parente.

– Nisso não tenho como ajudá-la, Selma, principalmente porque acho que não pode continuar morando nesta vila. Por que não fala com sua patroa? Talvez...

– Não. Dona Helena não me acolheria. Conheço-a bem e, na verdade, nem tem nenhuma obrigação e, ainda por cima, se souber que estou tentando esconder-me de traficantes...

– Você não conhece ninguém, mesmo? Nem uma outra pessoa, uma amiga?

– Não tenho muitas amigas, dona Cleusa. Sempre vivi sozinha porque a minha vida resume-se em trabalhar o dia todo e vir para casa apenas para dormir. Além do mais, as poucas amigas que possuo moram aqui na vila. Não adiantaria nada. Acabariam por me encontrar.

– Tem razão, mas você não conhece mesmo ninguém que não seja daqui deste lugar? Talvez uma outra empregada doméstica lá do prédio onde trabalha.

– Nós pouco nos falamos, dona Cleusa. A não ser...

– A não ser...

– Não. Não vai dar certo.

– O que é, Selma?

– Seu Adauto, o porteiro.

– O porteiro do prédio em que trabalha?

– Sim. Hoje mesmo ele me disse que se um dia eu precisasse de qualquer tipo de ajuda poderia procurá-lo. Qualquer coisa. Parece ser um homem muito bom.

– Ele é casado, Selma?

– É viúvo e mora sozinho.

– Pois, então, talvez ele possa acolhê-la.

– Acolher-me? Não, não posso morar com um viúvo. O que iriam falar de mim? O que Edson iria pensar?

– Edson, Selma?! Pelo amor de Deus, menina, risque esse homem de sua vida. E não se vexe de morar com esse tal de seu Adauto, se ele a convidar, somente porque ele é viúvo. Se você acha, se tem certeza de que ele a respeitará, o que vale agora é a sua vida.

– Acho que a senhora tem razão e tenho certeza de que ele me respeitará, se por acaso tiver essa bondade de acolher-me por algum tempo, coisa que não tenho certeza de que fará. Apenas estou cogitando porque ele me pareceu muito sincero quando disse para procurá-lo se um dia tivesse algum tipo de problema. Mas não sei. Agora, se isso ocorrer, tenho muita confiança nele..

– Não custa, então, tentar, minha filha. Você, certamente, será de grande valia para ele, pois se ele mora sozinho e não tiver nenhuma empregada, poderá auxiliá-lo nos serviços domésticos à noite e nos fins de semana. Poderá lavar e passar para ele.

– Meu Deus, como a minha vida virou de pernas para o ar em apenas um dia.

– Confie em Deus e ore bastante que será auxiliada por Ele. Palavras de uma pessoa que passou pela pior experiência que uma mulher pode passar: a morte de um filho em plena flor da idade.

– Deus lhe pague, dona Cleusa. Por tudo.

XII

– Pois é esse o meu grande problema, seu Adauto. O senhor me disse que se eu precisasse de alguma coisa, poderia procurá-lo. Pelo menos, para me desabafar – diz Selma, já em lágrimas, após contar tudo ao porteiro do prédio de apartamentos em que trabalha. O homem ouve tudo atentamente, em silêncio, e, agora, penalizado com o sofrimento da moça, fala, emocionado:

– Selma, quando lhe disse que poderia procurar-me se tivesse algum problema, estava sendo muito sincero. Não vou agora falar o que penso de Edson, porque não quero que sofra mais do que já está sofrendo e somente quero ajudá-la em tudo o que for necessário para que não sofra mais, mas imponho uma condição.

– Que condição, seu Adauto?

– Uma simples condição que é para o seu próprio bem e porque não pretendo auxiliá-la para depois vê-la novamente sofrendo.

– Faço o que o senhor me pedir, seu Adauto.

– Pois peço-lhe e esta é a condição que faço: quero que esqueça esse homem. Quero que faça de conta que ele nunca existiu em sua vida.

– Pois é o que pretendo. Apesar de sofrer muito pela desilusão, pois o amava muito, pretendo esquecê-lo para sempre.

– Então estou pronto a ajudá-la. Você já almoçou hoje?

– Ainda não. Nem sinto fome.

– Mas tem que alimentar-se ou então tudo vai tornar-se mais difícil para você. Por isso, quero que vá até o restaurante da esquina e faça uma boa refeição. Você tem dinheiro?

– Apenas para a condução da volta.

– Pois tome este dinheiro e vá almoçar.

– Não posso aceitar, seu Adauto. O senhor também deve passar por dificuldades.

– Não discuta, Selma. Sou aposentado e ganho muito bem aqui. Muitas vezes recebo polpudas gorjetas para serviços extras aos moradores e também possuo outras fontes de renda. Estou muito bem, financeiramente. Não se preocupe. Além do mais, somente vou terminar o meu turno por volta das dezoito horas e você precisa ocupar-se até lá. Vá almoçar, tome um sorvete e dê uma volta pelo centro da cidade. Esteja aqui às dezoito horas. Pegaremos o meu carro e iremos até sua casa para apanhar suas roupas e pertences. De lá iremos para minha casa que é onde você ficará hospedada até que tudo se acalme.

– Vou morar com o senhor?

– Vai morar em minha casa. Há bastante espaço lá. Como sabe, sou sozinho. E gostaria de lhe pedir um último obséquio.

– Qual, seu Adauto?

– Não precisa mais chamar-me de senhor. Isso faz com que eu me sinta muito mais velho do que realmente sou.

– Obrigada, então, Adauto. Que Deus o recompense por enquanto e que, um dia, eu possa pagar-lhe por tudo o que está fazendo por mim.

– Não se preocupe com isso, Selma. A sua presença em minha casa somente me fará muito bem. Agora, vá. Tome este dinhero e faça o que lhe estou recomendando.

– Farei, sim, seu...quer dizer...Adauto. Meu amigo.

– Até mais.

Selma, então, dirige-se até o restaurante indicado e, tímida, quase desiste de lá entrar, não fosse a fome que sente nesse momento. Está com tanto medo de continuar morando em seu barraco que a proposta do porteiro caiu-lhe como a melhor das coisas a lhe ocorrer nas últimas horas.

– Como é bom esse homem. O que faria sem o seu auxílio? – pensa, enquanto começa a comer – E dona

Cleusa tem razão: não há mesmo nada demais em que eu more em sua casa. Não tenho mais ninguém para dar satisfações de meus atos e creio que nem ele o tenha.

Selma termina de almoçar e sai do restaurante, iniciando uma caminhada sem rumo pelas ruas do centro da capital. Pára defronte das vitrinas e fica a admirar as ofertas do dia.

– Um dia, se Deus quiser, ainda terei dinheiro suficiente para comprar alguma roupa bem bonita, bem na moda.

Selma passeia, então, pelo resto da tarde, com os pensamentos presos aos acontecimentos daquele dia. Procura consolar-se, fazendo planos para o seu futuro até que consulta o relógio de parede de uma farmácia, verificando ser pouco mais de dezoito horas.

– Meu Deus, como tempo passou rápido!

Dá meia volta e dirige-se até o prédio de apartamentos, onde Adauto trabalha. O porteiro encontra-se com seu velho carro estacionado do outro lado da rua, quase defronte do prédio.

– Entre, Selma – convida, abrindo a porta para ela. – Está pronta?

– Estou. Só sinto um pouco de medo de voltar para a minha casa.

– Não precisa se preocupar. Estarei ao seu lado para protegê-la.

– Nem pense nisso, Adauto. Você vai ficar esperando na avenida, uma quadra antes da entrada da vila. Irei sozinha para não levantar suspeitas. Colocarei algumas coisas numa sacola e voltarei num instante.

– Mas não é perigoso ir lá sozinha?

– Mais perigoso será ir acompanhada por um estranho ao pessoal de lá.

– Tem certeza?

– Absoluta. Sei o que estou fazendo.

– Tudo bem, mas vou dar-lhe um tempo para ir e retornar. Se não voltar, chamo a polícia.

– Não faça isso, Adauto. Pode deixar que sei cuidar-me e, por favor, não fique dentro do carro estacionado. Isso, sim, é perigoso. Procure um bar e aguarde por uma meia hora. Só depois, retorne para o veículo.

– Está combinado. Vamos, então.

Adauto dá a partida no automóvel e faz todo o percurso tenso, preocupado, mas bastante feliz com o fato de levar Selma para morar com ele.

* * *

– Pode parar ali – indica a moça, assim que chegam ao local de acesso à vila. – Entrarei por aquele caminho e é por lá que voltarei.

Já são mais de dezenove horas e já escureceu na cidade. É noite.

– Tenha cuidado, Selma. Tenha cuidado.

– Não se preocupe. Conheço este local como a palma de minha mão e procurarei evitar os caminhos que sei perigosos e mal freqüentados, principalmente por esse bando de traficantes.

– Vá com Deus.

– Obrigada.

A moça sai do carro e dirige-se até o local que indicara, sumindo por entre as sombras. Procura caminhar bem próximo aos barracos para que as luzes não a identifiquem. Dobra algumas esquinas até alcançar a rua em que mora, procurando ver se localiza algum vulto ou alguma sombra por perto. Nada vê e acelera os passos. Chega ao barraco e abre a porta, entrando rapidamente, sem acender as luzes. Dá alguns passos em direção ao seu quarto e qual não é sua surpresa quando a lâmpada da pequena sala se acende, revelando não estar sozinha no ambiente. Um homem encontra-se encostado numa das paredes, naquela onde se encontra o comutador de luz.

– Sandro?! Como entrou aqui?! – pergunta, assustada, compreendendo, no mesmo momento, a idiotice de sua pergunta, pois a coisa mais fácil seria entrar em seu barraco pela porta dos fundos, trancada apenas por uma tramela. O mais correto seria indignar-se pelo fato de aquele homem invadir a sua residência. – O que quer?!

– Não tenha medo, Selma. Quero apenas uma pequena informação. Sente-se aí – ordena, apagando a luz, assim que a moça obedece sua ordem. Conhece Sandro desde criança e sabe que ele, hoje, pertence a uma perigosa quadrilha de traficantes.

– Não me faça mal, por favor.

– Não vou lhe fazer nenhum mal, Selma. Como já lhe disse, quero apenas que me responda uma pergunta: onde está Edson?

– Eu não sei, Sandro. Estou sendo sincera. Edson simplesmente sumiu. A última vez que o vi foi terça-feira passada quando me disse que havia arrumado um emprego noturno e que só nos veríamos hoje. De manhã fui até sua casa e qual não foi o meu assombro quando vi que tudo estava vazio por lá. Inclusive fui perguntar ao Mauro, do bar, se sabia de seu paradeiro.

– Disso tudo já estamos sabendo, só que o chefe não acredita que você não saiba onde Edson se encontra e acha que foi falar com Mauro apenas para despistar.

– Pode crer que isso não é verdade, Sandro.

– E por que teve a idéia de procurar Mauro?

– Porque soube que ele é amigo de Edson.

– Isso foi dona Cleusa quem disse, não foi?

– Como sabe? – pergunta, inocentemente, a moça.

– Tudo está sendo vigiado nesta vila, Selma.

– Dona Cleusa apenas falou-me que Edson freqüentava aquele bar e fui até lá. Quero achar o meu namorado. Não sei o que está acontecendo.

– E por que está chegando aqui a esta hora? Sabemos que não trabalha aos sábados. Aonde foi?

– Fui fazer uma pequena limpeza para dona Helena, minha patroa. Vai haver uma festa lá, hoje à noite – mente.

– Está mentindo, Selma, e isso não é bom. Segui-a por toda a tarde e vi quando conversou com aquele porteiro do prédio. Daqui de cima deu para ver quando chegou com ele em seu carro.

A moça sente-se perdida e desconcertada, resolvendo contar toda a verdade, desde o seu pedido de ajuda ao porteiro, até o fato de que ali se encontrava para buscar algumas roupas, porém, continua a mentir, escondendo o fato de que irá morar na casa de Adauto, dizendo que irá morar na casa da patroa. Sandro parece engolir essa história.

– Mas você ainda não me respondeu o que lhe perguntei. Onde está o Edson?

– Já lhe disse que não sei, Sandro. Estou desesperada, à sua procura. Pode acreditar em mim. Não sei de nada. Por que é que o estão procurando?

– Aqui quem faz as perguntas sou eu, Selma.

– Tudo bem, mas, por favor, Sandro, acredite em mim. Não estou lhe mentindo. Não me faça mal.

– Não vou lhe fazer nenhum mal. Acredito em você. Só que os outros não acreditarão e, se for preciso, usarão de tortura, Selma.

– Ajude-me, então, Sandro. Nós nos conhecemos desde crianças. Nossos pais foram muito amigos. Por favor.

– Vamos fazer o seguinte: pegue apenas algumas poucas peças de roupa que mais necesita e dê o fora, rapidamente. Leve pouca coisa. Não quero que percebam que esteve aqui. Mas, nunca...nunca...entende? Nunca diga a ninguém que eu lhe ajudei, nem ao porteiro. Não me perdoarão pela traição. Minha missão era a de torturar-lhe até que falasse o que sabe. Vamos! Não tem tempo a perder. Sem acender as luzes.

Selma, então, dirige-se até seu quarto e coloca o necessário em uma sacola.

– E se alguém me vir com esta sacola?

– Diga que apanhou-a por volta das quinze horas.

– Deus lhe pague, Sandro. Um dia, se Deus assim o permitir vou recompensá-lo por isto.

– Cai fora! – ordena o rapaz.

– E dona Cleusa? Estará bem?

– Preocupe-se apenas com você. Agora, vá!

– Mais uma vez, muito obrigada – agradece a moça, beijando Sandro no rosto.

– Cai fora! – sussurra, rispidamente.

Selma sai sorrateiramente da casa e inicia o caminho de volta.

– E então? – pergunta Adauto assim que ela chega ao carro – Conseguiu apanhar o que queria?

– Tudo não, Adauto. Ouvi barulho de pessoas chegando e saí rapidamente pelos fundos. Apanhei apenas algumas peças de roupa – mente, conforme pedira o rapaz – Deixei muita coisa para trás.

– Não tem importância – consola-lhe o homem – Em casa tem muita coisa que poderá utilizar. E o que não tiver, compraremos. Vamos embora.

Dizendo isso, o porteiro acelera o carro, afastando-se daquele lugar.

XIII

– Este será seu novo lar, de agora em diante – comenta, alegremente, Adauto.

– Nem posso acreditar – responde Selma, deslumbrada. Sempre morou em barraco e aquela casa, para ela, representa o palacete com que sempre sonhou, apesar de toda a sua simplicidade. Localizada num bairro de classe média, possui uma sala, dois quartos, sala de jantar, cozinha, banheiro, garagem para um automóvel, quintal com piso de cimento e área de serviço nos fundos, com mais um quartinho e banheiro. Seus móveis, apesar de não serem os mais modernos, encontram-se impecáveis, quadros de paisagens nas paredes, um tapete na sala que possui um piso revestido com tacos de madeira, forro de lajotas e azulejos na cozinha e banheiro. Quando Selma está na área de serviço dos fundos da casa, exclama, entusiasmada:

– Este quarto é bem melhor do que o meu barraco inteiro. Serei a pessoa mais feliz do mundo, morando aqui.

– Aí você não pode morar, Selma.

– Não? Por quê?

– Porque é aí que guardo as minhas ferramentas, minha escada, meus apetrechos de pesca.

– Não entendo...

– Ora, Selma, você vai morar na casa. A casa não tem dois quartos?

– Eu...morar lá dentro?

– Mas é claro! Vai morar lá dentro.

– Não posso aceitar, Adauto.

– E por que não?

– Meu Deus, não quero tirar a sua liberdade.

O homem sorri, enternecido.

– Você não irá tirar a minha liberdade. Irá, sim, fazer-me companhia.

– Mas...

– E não se discute mais. Venha. Vamos entrar. Pode tomar um banho, enquanto vou até a mercearia comprar algumas coisas bem gostosas para comermos. Depois, se quiser, poderá assistir televisão e ir dormir ou fazer o que quiser. Selma, sinta-se como se esta casa fosse sua.

– Adauto, por que está fazendo tudo isso por mim? – pergunta, com lágrimas nos olhos, bastante emocionada com tudo o que lhe está acontecendo.

– Porque você merece, porque é uma boa moça e porque nunca teve nada na vida e resolvi que, a partir de hoje, terá uma vida nova, uma vida que sempre mereceu. Por favor, deixe que eu me realize com isso. E não se preocupe. Nada exigirei em troca. Pode ficar descansada.

– Você é um homem muito bom – agradece a moça, abraçando-o respeitosamente e beijando-lhe a face.

– Saiba que estou muito contente por esta oportunidade, Selma. E, como já lhe disse, sinta-se em casa.

Selma não cabe em si de contentamento. Ainda sente muita tristeza pelo que lhe aconteceu com referência ao namorado, mas não consegue deixar de pensar que Deus a está ajudando muito, pois sua vida deu uma grande guinada nessas últimas doze horas. Toma um banho e arruma suas poucas coisas num guarda-roupa do quarto que lhe foi destinado. Apalpa o colchão de espuma e quase não tem coragem de sentar-se nele. Nesse momento, Adauto chega de volta da mercearia com pães, bolos, bolachas e alguns doces. Convida a moça para ir com ele até a cozinha, onde prepara um café. Para Selma, aquilo mais lhe parece um conto de fadas. Até aquele ato de sentar-se à mesa para tomar uma refeição parece-lhe um sonho.

– Você está sendo muito bom comigo, Adauto. Nem sei como lhe agradecer.

– Não agradeça, Selma, apenas viva esta situação, se ela a faz feliz.

– Mesmo assim não consigo entender por que está fazendo tudo isso por mim. Quase nem me conhece. Pouco sabe de minha vida.

– Aprendi a conhecer as pessoas pelos olhos, ou melhor, pelo olhar. E seus olhos, seu olhar, irradiam grande pureza de coração.

– Sabe, Adauto, hoje eu menti para você.

– Mentiu? O que foi que você mentiu?

– Bem...quer dizer...na verdade não cheguei a mentir, apenas omiti um fato que ocorreu lá no barraco quando fui buscar as minhas coisas. E procurei respeitar um pedido de alguém que foi muito bom para comigo.

– O que aconteceu?

Selma conta, então, o episódio com Sandro.

– Ele me ajudou, mas percebi que estava com muito medo por ter feito isso. Por esse motivo peço-lhe que, em momento algum, revele isso a alguém. Custe o que custar, não diga nada a ninguém.

– Pode ficar tranqüila e saiba que estou muito feliz, pois demonstrou que confia em mim e que não devem haver segredos entre nós. Agradeço-lhe muito por essa confiança.

Selma permanece por alguns instantes pensativa. Adauto, por sua vez, respeita os seus pensamentos mais íntimos até que ela resolve interromper o silêncio:

– Adauto, por que será que estão à procura de Edson? Será que ele fez algo contra essa quadrilha?

– Coisa boa não deve ter sido, Selma. Você ainda o ama, não é?

– Não sei. Estou muito confusa, sabe? Tudo ocorreu de uma só vez, num só dia. Ainda não consigo raciocinar direito.

– Você deve esquecê-lo, Selma. Deve esquecê-lo.

– É o que pretendo fazer.

– Gostaria de propor-lhe uma outra coisa.

– O quê, Adauto?

– Acho que deve deixar o emprego lá no prédio.

– Deixar o emprego? Por quê?

– Preste atenção: essa quadrilha que está à procura de Edson, pensa que você sabe onde ele se encontra escondido, tanto que colocaram esse tal de Sandro atrás de você, de seus passos. Certo?

– Certo.

– Você acha que eles vão desistir de encontrá-la? Eu creio que nao.

– Não sei e tenho muito medo disso. Mas agora não estou morando mais lá na vila.

– E acha que eles não vão descobrir onde trabalha?

Selma pensa um pouco.

– Acho que tem razão.

– E é evidente que irão procurá-la lá no prédio.

– Meu Deus! Mas não posso deixar de trabalhar. Preciso sobreviver.

– Selma, agora você está aqui e terá tudo o que necessita. E se pensa que iria aceitar um tostão sequer de seu salário, está redondamente enganada.

– Como não? Pretendo pagar todas as despesas que tiver comigo.

– Você não vai me pagar nada. Não vou aceitar.

– Mas Adauto...

– Não vou aceitar, Selma, e se não vou aceitar pagamento algum, por que você tem que trabalhar? Aliás, vou aceitar algo em troca, sim. Você irá fazer todo o serviço desta casa e terá cama, comida e ainda pretendo custear suas roupas ou o que tiver necessidade. Na verdade, se quiser, poderá encarar esta situação como se fosse uma empregada doméstica desta casa. Estou mesmo precisando.

– Não sei, Adauto, não sei.

– Não tem o que pensar, Selma. Você não pode correr o risco de ser encontrada por aquela quadrilha e aqui estará em segurança. Ninguém vai desconfiar que está morando comigo. Não falei nada a ninguém. Aliás, por uns tempos, seria bom que não fosse vista pela vizinhança.

– Terei que viver presa, aqui?

– Apenas por um ou dois meses até que tudo se esfrie. O que você acha?

– À primeira vista, penso que tem toda a razão, mas se perder aquele emprego...sabe como está difícil encontrar uma outra colocação.

– Não deve preocupar-se com isso neste momento, Selma. Deve preocupar-se apenas com sua vida, com sua segurança, com sua integridade física.

– Mas o que vou dizer à dona Helena?

– Diga que precisará viajar para bem longe. Que uma tia sua está muito doente e necessita de você. Aliás, penso que nem deveria ir até lá para falar com ela. Pode telefonar daqui mesmo.

– Não sei, Adauto, o que fazer, mas se você me diz que está necessitando de alguém que cuide desta casa...

– Estou, mesmo, e muito.

– Está bem. Vou fazer o que me pede. Afinal de contas, só estou tendo a ganhar com sua bondade.

– Que bom, Selma. Agora posso ficar mais despreocupado.

– Talvez seja, mesmo, melhor assim. Pelo menos, nenhum de seus vizinhos poderá falar de algo que não existe.

– Como assim?

– Bem...o senhor, quer dizer, você poderá explicar melhor a presença de uma mulher em sua casa, pois serei apenas uma empregada. Se para cá viesse apenas para dormir, poderiam imaginar que arrumou uma outra companheira, uma outra mulher.

– Você tem toda a razão, Selma. Assim ninguém poderá dizer nada.

– Agora, diga-me uma coisa: você tem, mesmo, condições financeiras para sustentar-me, assim?

– Pode ter certeza que sim, Selma. Como já lhe disse, sou aposentado e muito bem aposentado por sinal. Apenas trabalho como porteiro daquele prédio porque o síndico é meu amigo e pediu-me esse favor, pela total confiança que tem em mim. Além do mais, ganho mais algum dinheiro e tenho o que fazer. E se quer saber mais, ainda possuo mais duas casas que estão alugadas.

– Você tem mais duas casas como esta?

– Não tão boas como esta, mas estão muito bem alugadas. Olhe, Selma, não se preocupe com esse pequeno detalhe. Fique certa de que ganho o suficiente para mantê-la. E ainda tenho um bom dinheiro guardado.

– Adauto, diga-me uma coisa, aliás, com toda esta confusão, nem me lembrei de lhe perguntar...

– O que, Selma?

– Sei que é viúvo, mas não sei mais nada a seu respeito. Tem filhos?

– Tenho uma filha e um neto que moram num grande bairro de classe média a algumas horas daqui.

– E será que ela aceitará o fato de você estar me ajudando dessa maneira?

– Não se preocupe com isso também, Selma. Minha filha pouco vem me visitar por causa da distância, apenas telefonando-me vez ou outra. Quando quero ver meu neto, vou até lá e, geralmente, procuro ir quando meu genro não se encontra em casa.

– E por quê?

– Parece-me que ele não gosta muito de mim, sabe? E nunca consegui descobrir o porquê. Penso que seja uma antipatia gratuita.

– Mas você é tão bom e imagino que deve ser um bom avô, também.

– Sim e sofro muito com isso. Penso que meu genro tem ciúmes de mim.

– Ciúmes?

– Isso ocorre muito freqüentemente quando uma filha é muito ligada ao pai como era o caso de Áurea e que vivia dando-me muita atenção nos primeiros meses de casada. Acho que essa dedicação toda deve ter provocado ciúmes em meu genro, agravando-se, tenho certeza, com a chegada do bebê. Parecia-me não gostar que eu fosse até lá. Talvez com medo de que o menino se apegasse muito a mim. Então, preferi afastar-me um pouco e deixá-los viver tranqüilamente, mesmo porque ele é muito bom para ela e os dois vivem em grande harmonia. Não quero atrapalhar o casamento dos dois. E, como já lhe disse, não precisa preocupar-se com nada. Minha filha me é muito agradecida pelo sacrifício que faço por ela e, tenho certeza, em nada interferiria em minha vida particular. Fique tranqüila.

– Tudo bem, então. De qualquer maneira, serei eternamente grata a você.

– Por favor, não fale mais em agradecimentos. Estamos, apenas, digamos, trocando favores. Agora, quando quiser, poderá telefonar para sua patroa.

– Certo. E quanto à comida, ao almoço, ao jantar? Você pretende levar comida pronta para o serviço ou prefere vir almoçar em casa?

– Como sou sozinho, não cozinho e faço minhas refeições num pequeno restaurante lá no centro da cidade. A propósito, e desculpe-me a pergunta, você sabe cozinhar?

– Sei, sim – responde Selma, rindo – Aprendi muita coisa com a cozinheira de dona Helena. Só não tenho muita prática, pois nos fins de semana que não almoço no serviço, faço apenas alguma coisa muito simples para alimentar-me, mesmo porque nunca ganhei tão bem que pudesse dar-me ao luxo de comer bem. Mas sei cozinhar, sim. Basta que me diga o que deseja e compre os ingredientes no supermercado.

– Então estamos combinados. Comprarei o que for necessário e virei almoçar todos os dias aqui. Para o jantar, apenas um lanche ou a sobra do almoço já me satisfaz. Agora, o telefonema.

– Sim, o telefonema.

XIV

Passou-se quase um mês e meio desde que Selma se mudara para a casa de Adauto. Telefonara para dona Helena, sua patroa, dizendo-lhe exatamente como combinara com o porteiro. A partir de então, tudo desenrolou-se na mais completa harmonia. Pouco saía de casa, realizava todo o serviço doméstico e não mais fora procurada por ninguém da quadrilha de traficantes. Adauto, por sua vez, não cabia em si de felicidade, pois sentia, cada vez mais, o carinho que a moça lhe devotava; tornara-se o protetor daquela a quem, e depois teve plena certeza, devotava um grande amor. Amava-a, apaixonadamente, apesar de nunca ter-se declarado e nem, por nenhum momento, ter-lhe faltado com o respeito. Amava em silêncio e, estranhamente, sentia-se satisfeito e feliz com esse amor platônico. Mas lá no fundo de seu coração, uma grande preocupação começara a fazer morada: temia que a moça acabasse, um dia, apaixonando-se também por alguém. Temia perdê-la, não para o ex-namorado Edson, pois Selma nunca mais tocara em seu nome, mas para algum outro homem que pudesse cruzar o seu caminho. E todo dia, perguntava-se a si mesmo se não seria melhor confessar a ela o seu amor, pois pensava que, talvez, por uma feliz coincidência, ela também pudesse estar gostando dele. Preocupava-se, também, com a diferença de idade e procurava ter notícias de homens casados com mulheres bem mais jovens, na tentativa de saber como viviam. Selma, por sua vez, sentia por Adauto um grande amor filial, chegando a ter ímpetos de pedir-lhe a bênção ao deitar-se, somente não o fazendo para que ele não se sentisse tão velho assim. Estava sendo ele, como pensava sempre, um verdadeiro pai para ela. Nesse dia, perto das nove horas da manhã, quando estava retirando a mesa do café que Adauto tomara um pouco mais tarde, pois somente começaria a trabalhar a partir das doze horas, dentro de um rodízio de porteiros, que o síndico estabelecera, a moça sente ligeiro mal-estar e dirige-se rapidamente para o banheiro, onde forte engulho faz com que vomite o que ingeriu naquela manhã. Adauto percebe e corre, assustado, para ver o que está acontecendo.

– O que foi, Selma?!

A moça, pálida, tem um novo acesso e responde, timidamente:

– Não sei, Adauto. Comecei a passar mal.

– Você costuma ter problemas desse tipo?

– Não. Raríssimas vezes.

– Vou chamar um médico – diz o homem, demonstrando grande preocupação.

– Não será necessário, não. Já estou bem melhor. Deve ter sido uma simples indisposição.

– Então venha sentar-se um pouco no sofá, Selma, e não precisa preocupar-se com o serviço da casa e nem com o almoço. Faça uma comida bem leve para você. Eu não virei almoçar em casa, hoje. Vou fazer um horário especial.

– Não precisa se preocupar. Já estou bem, mesmo.

Nem bem acaba de falar, a moça levanta-se e dispara novamente para o banheiro, trancando a porta atrás de si.

– Selma! O que foi? – pergunta Adauto, já em seu encalço – Por que fechou a porta?

– Eu estou bem – responde, do lado de dentro – Já vou sair.

Mais alguns minutos e a moça reaparece, quase desfalecendo.

– Meu Deus! Você não está bem, mesmo. Venha. Apóie-se em mim. Vou levá-la para o quarto e chamar um médico.

– Sinto tonturas - confessa a moça.

– Deite-se aqui – pede Adauto, cheio de cuidados – Vou telefonar para o doutor Paulo. É meu amigo e, tenho certeza, virá vê-la em poucos minutos.

– Por favor, não é necessário. Já estou bem. Você tem que ir trabalhar.

– De jeito nenhum. Vou telefonar antes para o Benê. Ele me substituirá.

– Não vá faltar ao serviço, Adauto. Já disse que estou bem. Sinto-me ótima, agora – contesta Selma, tentando levantar-se.

– Continue deitada, por favor. Sei o que estou fazendo e, depois, não iria conseguir trabalhar direito sabendo que você está aqui sozinha e desse jeito.

O porteiro, então, telefona para o amigo que, prestativamente, concorda em substituí-lo no trabalho. Fala também com o médico. Este, após conversar com Selma pelo telefone e tomar conhecimento de seus sintomas, promete vir, assim que tiver disponibilidade. Algumas horas se passam e Selma já está em pé, bastante disposta, como se nada tivesse acontecido. Pede para que Adauto cancele a visita do médico, mas este insiste para que ela seja examinada.

* * *

– Suspeito que ela esteja grávida, Adauto – informa o doutor Paulo, na sala da casa, após examinar a moça.

– Grávida?! Você tem certeza?

– Como disse, apenas suspeito. Gostaria que ela procurasse um laboratório para fazer um teste mais completo. Depois, peça-lhe que me procure em meu consultório.

Nesse momento, Selma sai do quarto de cabeça baixa, sentindo-se envergonhada com o que lhe estava ocorrendo.

– É do Edson, Selma?

– Só pode ser – responde, timidamente.

– Mas ela está bem, fisicamente. Creio que, logo, não sentirá mais esses enjôos. Bem, um bom dia para vocês e não se esqueça, Selma, procure um laboratório e depois vá até meu consultório ou algum outro ginecologista de sua preferência.

– Gostaria que ela fosse atendida por você, Paulo.

– Como queira. Até logo, então.

Adauto acompanha o médico até a porta e a moça senta-se pesadamente no sofá, irrompendo em lágrimas.

– Não chore, Selma.

– Nunca podia imaginar...e, agora...

– O que tem agora? Você está grávida, será tratada convenientemente, dará à luz uma bela criança que, certamente, a fará muito feliz.

– Você não vai mandar-me embora de sua casa?

– Mandá-la embora? Por que eu iria mandá-la embora daqui? Vou cuidar de você e da criança.

Selma olha bastante sensibilizada para Adauto e grossas lágrimas brotam de seus olhos, tamanha a bondade do coração desse homem que a acolheu e a protege. Instintivamente, então, movida por forte sentimento de gratidão, levanta-se e o abraça, beijando-lhe a face.

– Adauto, nunca conseguirei retribuir-lhe o que está fazendo por mim.

Adauto corresponde delicadamente ao abraço, encostando o seu rosto ao da moça. Profunda emoção o invade e precisa controlar-se muito para não beijá-la, pois a cada dia que passa, tem mais certeza de estar amando-a, não como uma simples filha que apareceu em seu caminho, mas como uma mulher. Encontra-se extremamente apaixonado por ela, porém, apesar das várias oportunidades que teve, como esta agora, de confessar-lhe o seu amor, procura controlar-se, pois prefere aguardar um momento mais propício. – Quem sabe, – pensa – ela não venha, também, a sentir a mesma coisa por mim? – Procurará fazer tudo por ela, a fim de conquistá-la e até sente uma certa alegria pelo fato de ela estar grávida, pois vê nisso uma maior dependência dela por ele. Carinhosamente a afasta de si e lhe fala:

– Já lhe disse que não precisa preocupar-se em retribuir-me nada. Vou ajudá-la em tudo o que for necessário, inclusive quanto ao futuro dessa criança.

– Você é muito bom, Adauto. Você realmente foi e está sendo um raio de sol que veio iluminar a minha vida, uma vida sempre carregada de sombrias nuvens escuras.

– Agora quero que descanse um pouco. Deite-se e deixe tudo por minha conta. Vou ligar para um laboratório e pedir informações do que você deve fazer e vou marcar uma consulta com o doutor Paulo para assim que estiverem prontos os resultados desses exames.

– Eu estou muito bem, agora, Adauto. Não preciso deitar-me. Quero ir para a cozinha fazer o almoço.

– Por favor, deite-se um pouco só. Venha.

Adauto acompanha a moça até o quarto e faz com que se deite, saindo em seguida e deixando-a entregue aos seus pensamentos.

– Como foi acontecer isso, Meu Deus? Um filho de Edson... Nunca poderia imaginar. Sempre tive tanto cuidado.

Selma acaricia o ventre, enternecida.

– Um filho de Edson... – repete com lágrimas nos olhos – Onde estará seu pai, agora, meu filho? – balbucia com o olhar perdido fitando a janela entreaberta do quarto por onde entra uma nesga de luz solar – Onde estará? Será que vai voltar, um dia? Oh, meu Deus! Será que ainda o amo? Por que tudo não pode ser diferente? Por que ele não pôde ser igual a tantos outros homens? Por que tanta ambição que o fez envolver-se com esse mundo da marginalidade? E se ele souber desta criança? Será que virá procurar-nos? Irá querer assumir a paternidade? Se for para continuar nessa vida de bandido, não vou querê-lo mais. Não vou querer um marginal como pai de meu filho.

Nesse momento, já envolvida por forte instinto maternal, Selma começa a sentir-se intranqüila e com medo do futuro. Passa a ver Edson como uma ameaça à criança. Sente medo de que ele possa, um dia, querer tirá-la, levá-la embora.

– Oh, meu Deus! – roga. – Não permita que nada de mal aconteça ao meu filho. Dai-me forças para que eu possa criá-lo convenientemente, sem que venha a passar as necessidades por que passei na vida. Que ele possa ter uma vida digna. Possa estudar e ser alguém. Se depender de mim, tudo farei para isso. Arcarei com os maiores sacrifícios, serei capaz de dar a minha vida por ele. Ajude-nos, meu Deus. Ajude-nos, Jesus.

* * *

– *Como ela está mudada, Célio* – exclama, feliz, *Amália.*

– *É verdade. Graças ao bom Pai, seu instinto materno já está falando mais alto, mas precisamos ajudá-la muito com as nossas mais amorosas vibrações, para que Osório, apesar de seu restringimento à condição de feto, não venha a prejudicar a sua própria gestação, comprometendo a saúde de Selma com suas vibrações de revolta para com ela.*

– *Você acha que ele ainda quer libertar-se dessa situação?*

– *É muito provável. A maioria dos casos de enjôo, não todos, mas a maioria, advém de um desequilíbrio de ordem espiritual, na absorção pela mãe de emanações do reencarnante. Muitas vezes, também, a mãe capta os próprios pensamentos do Espírito acolhido em seu ventre, levando-a a ter estranhas idéias, estranhas vontades e, mesmo, repulsa a alimentos e a pessoas ou coisas. Quando o Espírito se liga à mãe, no processo de gestação, ocorre um forte intercâmbio entre eles. Dessa forma, tanto o Espírito reencarnante pode trazer grande conforto à mãe, quanto enormes problemas fisiológicos e mentais. Também a mãe pode influenciar a criança com seus pensamentos de revolta pela gravidez ou, mesmo, através de nocivos vícios os mais diversos, desde os de natureza material, quanto os de natureza moral, como, por exemplo, os vícios da luxúria, da ambição, do egoísmo, do orgulho. São sensações de bem-aventurança ou de sofrimento que circulam pelas mentes das duas criaturas intimamente ligadas.*

– E o que deve fazer uma mãe ao sentir esses estranhos sentimentos durante a gravidez? – pergunta um Espírito feminino que, como aprendiz, acompanha o casal. É Amália quem responde:

– Deve enviar vibrações de muito amor para a criança, esteja ela em qualquer fase da gravidez. Deve externar, inclusive, gestos de carinho, em relação a esse pequenino ser, acariciando o próprio ventre e falando, carinhosa e mansamente com a criança para que ela possa, através desses gestos e palavras, modificar os seus sentimentos em relação à mãe, sentindo-se, também, bastante protegida e amada. As manifestações de amor têm um grande poder, Lígia.

– Entendo e vejo que Selma, instintivamente, assim o faz.

– Sim. Solange, hoje Selma, transformou-se numa boa moça. Sofreu muito após conturbado passado e, agora, depois de ter-se proposto assumir uma encarnação difícil, mas plena de grandes modificações, tem cumprido muito bem o seu papel. Evolui a passos largos, levando-se em consideração sua vida pregressa.

– Vamos aplicar-lhe um passe, Amália, para que não se deixe abater por pensamentos negativos e para que nosso filho Osório, agora, seu filho em formação, possa vislumbrar em sua mente, as dádivas dessa sua nova vida.

XV

No quarto, a moça ainda continua em prece.

– Oh, meu Deus, sempre tive a certeza de Sua existência, sempre confiei em Seu auxílio e, agora, mais ainda, pois após esta pequena prece, já me sinto muito melhor. Nada vejo, mas parece-me que anjos se encontram presentes aqui oferecendo-me toda esta paz que sinto neste momento. Abençoe-os, Deus de misericórdia.

Selma, então, adormece profundamente, sem saber que esses anjos que imagina terem vindo em seu auxílio são, na verdade, os pais em outra encarnação da criança que carrega em seu ventre. Porém, assim que, em Espírito, se desprende do corpo físico, vê-se liberta nesse mesmo quarto, bastante iluminado por safirinas luzes. Qual não é sua surpresa, quando vê Célio e Amália e, retornando-lhe a memória espiritual, recorda-se de ter sido essa a senhora que lhe entregara a criança. Junto ao casal, pode notar, também, mais algumas entidades, nimbadas de muita luz.

– *A senhora voltou? – pergunta a Amália.*

– Sim, minha menina – responde a mulher, aproximando-se de Selma e afagando-lhe os cabelos – Aliás, estamos sempre ao seu lado, protegendo-a e fornecendo-lhe energias para ter sucesso nessa gestação um tanto atribulada.

– A senhora entregou-me o meu filho. Por acaso, é algum anjo de Deus? Esses outros também?

– Não somos anjos, Selma. Somos, sim, Espíritos ligados a você por fortes laços do passado.

– Do passado? Não entendo.

– Sente-se aqui – pede a mulher, indicando a beirada da cama e sentando-se, também, ao lado da moça – Sabe, na verdade, a vida não termina com a morte e a Natureza também não dá saltos. Por isso, habitamos uma cidade do Plano Espiritual, bem próximo à Terra, porém numa outra dimensão do Universo, diferente da que você vive quando em estado de vigília, ou seja, quando acordada e em seu corpo material. A única diferença entre nós é que você possui um corpo mais material que o nosso. E esse é o corpo que abandonamos quando ele é abatido pela morte. Nós, que somos Espíritos, continuamos nossa caminhada, revestidos deste outro corpo que chamamos de perispírito. Veja. Você pode nos tocar. Toque em mim. Vê? É constituído por uma matéria quintessenciada, de características atômicas idênticas às da Terra, formada pelo fluido universal que a tudo procede.

Nesse momento, Selma leva o olhar até seu corpo estendido na cama como que a dormir.

– Mas eu estou lá – diz, apontando para a cama.

– Seu corpo carnal está lá, Selma, num processo de vislumbre de pensamentos armazenados no cérebro e que os homens denominam de sonho. Você não é aquele corpo. Você está aqui, conosco, no verdadeiro plano da vida, que é o espiritual. As pessoas têm o costume de dizer que possuem um Espírito, quando, na verdade, o Espírito é que possui um corpo e que lhe será descartado no momento de sua morte. Entende?

– Sim, mas por que não me lembro, quando acordo, do que me acontece aqui, durante o sono? Quer dizer, algumas vezes recordei-me de ter visto um homem que acusava-me de algo que desconheço. Dessas situações, acabava lembrando quando despertava, pensando ter sido um sonho. Outros sonhos também tive que não sei se foram fruto de meu desprendimento do corpo.

– O que ocorre, Selma, é que na maioria das vezes, o que o Espírito encarnado se lembra é do sonho, digamos, cerebral, que nada mais é do que imagens que o próprio cérebro material libera, criando situações muitas vezes, surrealistas, ou seja, sem muito nexo. De outras, chega a lembrar-se do que viu e ouviu quando liberto da matéria, porém, esses fatos, essas lembranças vêm à tona, misturadas, embaralhadas com esse sonho cerebral. Entende?

– Sim. Aliás, agora, neste estado, parece-me entender mais facilmente o que a senhora me explica. Penso que se essas explicações me fossem dadas quando na matéria, teria alguma dificuldade de entender.

– Devo dizer-lhe, também, que muitos Espíritos, ao acordarem, revestidos com o corpo carnal, acabam tendo algumas idéias que terminam por resolver-lhes alguns de seus problemas. Pensam que isso é fruto de uma noite bem dormida. Na verdade, pode crer, foram ensinamentos e sugestões dadas por Espíritos mais evoluídos durante esse desprendimento. Também ocorre de alguém acordar com más idéias ou más sugestões, dependendo de como se encontrava sintonizado em boas ou más idéias antes de se recolher. Por isso, é muito importante a oração antes de se deitar para dormir, rogando auxílio a Deus para que possa, durante a emancipação de sua alma, encontrar Espíritos de ordem moral mais evoluída que a sua. Quantas vezes, Espíritos amigos e queridos fazem de tudo para entrar em sintonia com um encarnado durante o sono e não o conseguem porque o próprio pensamento inferior do adormecido o leva a ter contato com entidades malfazejas e nem, ao menos, ter condições de visualizar esses amigos no Plano Espiritual.

– E esses encontros ocorrem sempre dentro dos quartos de dormir?

– Nem sempre. Muitas vezes, o Espírito desprendido pode tanto encaminhar-se para elevados encontros fraternais e de ensinamentos, como para encontros com entidades perversas ou, mesmo, participar de verdadeiras atividades de baixo nível, nos descaminhos do vício e da luxúria.

– E por que vocês estão me ajudando?

– *Um dia virá a saber. E não se preocupe. Nós estaremos sempre ao seu lado e iremos fazer todo o possível para auxiliá-la.*

– *Deus lhes pague, senhora...*

– *Pode me chamar de Amália e este é meu esposo, Célio. Também nos acompanha, neste momento, esta jovem aprendiz, de nome Lígia. Estes outros irmãos são trabalhadores no campo da reencarnação.*

– *O que é reencarnação, dona Amália?*

– Selma! Selma! – é Adauto quem a chama do lado de fora da porta do quarto. – Você está bem?

O corpo de Selma agita-se no leito, ouvindo o chamado.

– *Estou me sentindo atraída para o meu corpo, dona Amália.*

– *Sim. Ele está despertando. Alguém a está chamando.*

– *Deve ser Adauto. É um bom homem.*

– *Sim, Selma, é um bom homem. Vá agora. Continuaremos nossa conversa em outra oportunidade.*

– *Sim...*Sim... – repete, já de volta ao corpo, acordando com o chamado – Pode entrar, Adauto.

– Desculpe-me se a acordei, mas ainda estou preocupado. Você está bem?

– Estou bem, Adauto. Estava apenas cochilando.

– Pois continue a dormir.

– Foi bom ter-me acordado. Agora não é hora de dormir. Eu estou bem e devo reservar o meu sono para a noite. Vou levantar-me e começar a preparar o almoço.

– De jeito nenhum, Selma. Você precisa descansar.

– Já disse que estou bem, Adauto. Pode deixar. Vou preparar o almoço.

– Se insiste, tudo bem, mas vou ajudá-la com os temperos.

– Você não quer ir trabalhar? Creio que ainda dá tempo para algumas horas. Faço um almoço ligeiro, você almoça e vai.

– Não, Selma. Hoje quero ficar aqui. Tenho que certificar-me de que, realmente, está bem. A propósito, já liguei para um laboratório aqui do bairro. Mais à tarde, apanharei um frasco apropriado na farmácia para que você colete, amanhã cedo, uma amostra do material a ser examinado. Disseram-me que o exame ficará pronto depois de amanhã. Por isso, já marquei uma consulta com o doutor Paulo. Apanharemos o resultado do exame e iremos até o seu consultório.

– Obrigada, Adauto – agradece, tímida.

– Você me parece um pouco preocupada, Selma. Não tenha receio de nada. Cuidarei bem de você e da criança.

– Pois é isso o que me preocupa neste momento. Temo que você acabe se complicando com tudo isso.

– Complicando-me por quê?

– Não sei. Estou um pouco confusa. Veja bem: estou morando aqui com você e, de repente, apareço grávida. O que irão dizer as pessoas de seu relacionamento?

– Pensarão que essa criança é minha? Pois que pensem. Ninguém tem nada com a minha vida e, muito menos, com a sua. Já estou numa idade, Selma, em que me preocupo mais com minha consciência e Deus sabe porque estou ajudando você.

– E por que está fazendo isso por mim?

Adauto percebe que falou o que não devia ou que pelo menos não gostaria de ter falado e tenta consertar:

– Porque Deus sabe que eu não poderia deixá-la desamparada e...

– E o quê, Adauto? Por favor, seja sincero comigo. Ainda não consegui entender por que está fazendo tanto por mim.

– Bem, Selma...é que, na verdade...ah, nem eu mesmo sei explicar...talvez...,sei lá, sempre me simpatizei com você e, desculpe-me falar-lhe assim, mas nunca me conformei em vê-la namorando aquele homem... nunca confiei nele e gostaria que se esquecesse de sua existência. Desculpe-me, Selma. Não me vejo no direito de interferir em seus sentimentos.

– Por favor, Adauto. Não precisa desculpar-se. Na verdade, você tem razão em pensar assim. Fosse eu que visse uma amiga com Edson, provavelmente diria o mesmo. O meu amor foi muito cego, sabe?

– E você ainda o ama?

– Sabe o que sinto? Sinto que não o amo mais como antigamente, mas sofro pelo fato de ele não ser o que eu pensava. Sofro porque gostaria que tudo tivesse sido diferente. Que ele fosse um bom homem, honesto, trabalhador. Sofro por isso. Porque, na verdade, eu almejava uma coisa que não existe mais. Entende?

– Entendo.

– E agora, sinto muito medo.

– Medo de quê?

– De encontrá-lo um dia. Não sei como iria reagir. Se afloraria em mim o mesmo amor e, talvez, uma vontade muito forte de tentar modificá-lo, fazê-lo ser o que sempre sonhei.

– Não creio que o consiga, Selma.

– Tenho medo também de que ele tente tomar-me a criança.

– Isso você pode ter certeza absoluta que não conseguirá, principalmente comigo ao seu lado e, mesmo porque, nenhum juiz afastaria uma criança de sua mãe, transferindo sua guarda para alguém que não possui condições nem para sustentar-se a si próprio.

– Mas tenho medo.

– Nada tema, Selma, pois sabe que pode contar comigo para o que der e vier.

– Tenho muito medo da justiça, Adauto. E se um dia ele ficar rico, poderoso? O que farei? Acho que vou viver sempre com medo de que isso aconteça.

– Case-se comigo, então, e eu assumo a paternidade dessa criança – dispara Adauto, arrependendo-se imediatamente de suas palavras. Sabe que esse não é o momento adequado para tratar desse assunto. Teme que Selma fale algo que o decepcione, que lhe tire o pouco de esperança que tem no coração.

A moça, atônita com aquelas palavras, olha para Adauto, como se não acreditasse no que ouvira. O homem, por sua vez, sente ter cometido o maior lapso de sua vida e procura desculpar-se:

– Por favor, Selma, não me leve a mal. Nem sei o que dizer, agora. Foi algo que escapou-me dos lábios. Perdoe-me. Por favor, perdoe-me.

– Adauto, você seria, mesmo, capaz de fazer isso por mim? – pergunta a moça.

Adauto fica a olhá-la. Seus pensamentos fervem em seu cérebro, tentando perceber que reação seria aquela. O que ela queria dizer com aquela pergunta? Não lhe parecia que o estivesse censurando. Ou estaria? O que deveria falar-lhe agora? Deveria dizer-lhe a verdade? Confessar-lhe todo o amor que nutre por ela? Ou deveria dizer que na sua idade poderia fazer uma caridade desse tipo? Tinha quarenta e oito anos e ela trinta e dois. O que dizer-lhe?

– Seria, Adauto? – insiste Selma.

– Seria, sim, Selma – responde, de pronto – Já lhe disse que seria capaz de fazer o que fosse preciso por você. Até, mesmo, de continuar amando-a em silêncio – resolve, então, confessar-lhe.

– Não sei o que dizer – diz a moça, perplexa.

– Não diga nada, Selma. Como já lhe disse, sou capaz de fazer qualquer coisa por você. Até de nunca mais falar sobre esse assunto se perceber que se sente constrangida com ele.

– É por isso que faz tanto por mim, Adauto? Porque me ama?

– Sim. É por isso. Mas, por favor, não quero que se sinta obrigada a coisa alguma.

– E desde quando sente isso por mim?

– Desde que a vi pela primeira vez, quando começou a trabalhar naquele prédio. No começo, imaginei que tudo não passasse apenas de uma atração física, mas com o passar do tempo, comecei a perceber que existia algo muito mais forte. Tão forte que, como já lhe disse, e não sou homem de não cumprir o que digo, sou capaz de nunca mais tocar nesse assunto, se assim o desejar. E, por favor, peço-lhe novamente, não se sinta constrangida com isso. Permita-me que, pelo menos, possa conviver com você, da maneira como estamos convivendo. Para mim, é o suficiente se não posso tê-la de outra maneira. Pior seria se, de repente, tivesse que privar-me de sua presença. Seria um terrível sofrimento que, tenho certeza, não suportaria.

– Vou pensar sobre tudo isso, Adauto.

– Olhe, Selma, imploro-lhe: não deixe esta casa. Se quiser, mudo-me eu. Quero que fique aqui. Quero ampará-la quando tiver essa criança e se permitir-me, para o resto de meus dias.

– Não vou deixá-lo, não, Adauto. Tenho uma dívida muito grande para com você. Não irei deixá-lo, mesmo porque não tenho para onde ir e, agora, com esse filho na barriga...

– Bem, vou dar uma volta para colocar minhas idéias em ordem. Sei que errei em confessar-lhe isso, mas o que posso fazer? Escapou-me dos lábios.

– Eu o entendo. Vá dar um passeio, sim, enquanto preparo o almoço. Também irei pensar bastante.

– Só quero que me prometa uma coisa.

– O quê?

– Não vá embora. Você, como disse, não tem para onde ir e não pode colocar em risco a vida desse bebê. Você necessita de cuidados médicos.

– Não vou embora, Adauto, se é isso que deseja.

– Por favor e, se quiser, nem precisa mais tocar no assunto.

– No assunto...?

– No que eu lhe confessei.

XVI

Naquele dia, nem Selma ou Adauto falam mais sobre o que conversaram naquela manhã, ou seja, sobre o que Adauto lhe confessara: o seu amor por ela. Conversam normalmente, combinam que ele levará a coleta do material para exame no laboratório no dia seguinte, planejam a ida ao médico, falam sobre acontecimentos do bairro e à noite, após o jantar, Selma decide recolher-se mais cedo. Tem necessidade de estar sozinha para pensar, enquanto Adauto não consegue conciliar o sono, permanecendo acordado por toda a noite, perambulando pela casa ou assistindo algum filme na televisão. Selma, assim que se deita e faz uma prece pedindo para clarear seus pensamentos, pois nunca tivera capacidade de decidir sobre problemas com os quais não está acostumada a lidar, percebe que não consegue raciocinar sobre nada e cai em sono profundo. Liberando-se de seu corpo, vê-se novamente em Espírito, em pé, ao lado da cama. Volve o olhar e vê seu próprio corpo, deitado, a descansar. Senta-se ao lado e fica à espera. Alguns minutos se passam até que Amália e Célio entram no quarto.

Com uma visão que não consegue compreender, pois não se restringe apenas à do quarto e sim a de um cenário que agora parece ter-se ampliado de tamanho, pode perceber diversas criaturas do Plano Espiritual, como se ali montassem guarda, a fim de proporcionar tranqüilidade à conversa dos três Espíritos. Sente-se muito bem, principalmente quando recebe terno abraço da mulher e de seu esposo.

– *E, então, minha filha, mais confiante?*

– *Sim, apesar de um pouco confusa. Sabe, não me lembrei, quando acordada, da conversa que tivemos à tarde, quando de meu desprendimento.*

– *Isso é bastante normal, Selma. Você pode não ter-se lembrado, mas tenho certeza de que passou a sentir-se mais segura, pois seu inconsciente, na verdade, possui o conhecimento de que não está mais sozinha. Agora, tem a nós para auxiliá-la.*

– *Senti-me, sim, mais segura. Mas o que vocês poderão fazer por mim ou, melhor, o que os Espíritos podem fazer pelos que vivem num corpo físico?*

– *Muito, minha filha e, como já lhe disse, isso depende muito da vibração de cada ser encarnado. Se viverem em comunhão com os ensinamentos de Jesus, nosso grande mestre, e, principalmente, colocando-os em prática, certamente terão a influência e o auxílio dos bons Espíritos, porém, se estiverem em sintonia com maus pensamentos e más intenções, terão, constantemente ao seu lado, aqueles infelizes Espíritos que se comprazem com o mal.*

– Mas por quê tudo isso, dona Amália?

– Aos poucos você irá aprender, aliás, faremos todo o possível para fazer chegar às suas mãos alguns livros que em muito irão auxiliá-la a melhor compreender as verdades da vida.

– E como terei interesse em lê-los se não me lembrarei desta nossa conversa?

– Você verá, Selma. Você verá. Afinal de contas estaremos ao seu lado e, através da intuição, pela força do pensamento, nós faremos com que se interesse.

– Diga-me uma coisa, dona Amália, já que a senhora pertence ao que denomina de Plano Espiritual. Como é esse Plano? O que acontece com uma pessoa quando ela morre, ou melhor, quando o seu corpo morre, porque como a senhora disse, o Espírito não morre. Apenas passa a viver na verdadeira dimensão da vida?

– Você terá que estudar um pouco, através desses livros de que lhe falei, para ter um bom conhecimento de tudo isso, mas vou procurar dar-lhe uma pequena noção do que ocorre, com algumas poucas palavras.

– Fale, dona Amália.

– Você não quer explicar-lhe, Célio?

– Pois não. Bem, Selma, o que é preciso entender em primeiro lugar, é que este mundo em que todos nós vivemos, tanto os encarnados na matéria mais densa, quanto os desencarnados, numa dimensão menos densa,

não é o único em todo o universo. Existem muitos mundos e muitas faixas vibratórias, como se fossem várias dimensões. Como Amália lhe disse, tudo tem como matéria-prima, o fluido universal que emana de Deus. Então, vou tentar explicar-lhe apenas o que temos condições de entender, porque a nossa compreensão ainda não está bastante evoluída para entendermos o que se passa com os mundos mais elevados e muitos, mas muitos, mesmo, existem. Lembre-se das palavras de Jesus: "Há muitas moradas na casa de meu Pai".

– Sim...

– Pois gostaria de começar dizendo-lhe que neste plano em que eu e minha esposa vivemos, existem também muitos campos vibratórios de vida, muito diferentes entre si. Existem os mais variados locais onde os Espíritos desencarnados vivem em comum, cuja topografia, paisagem, inclusive habitações, dependem do grau evolutivo dos Espíritos que ali habitam. Muitos desses locais são verdadeiras cidades. Os encarnados, há muito tempo vêm copiando essas formas de morada do Plano Espiritual, pois trazem em seu íntimo, sem se aperceberem disso, essas imagens. Por exemplo, neste lado de cá, existem, como já lhe disse, cidades que abrigam Espíritos com alto grau de evolução, onde não existem mais os defeitos e vícios mais comuns entre os homens. Da mesma forma e de maneira decrescente, existem outros agrupamentos de Espíritos que ainda sofrem muito, não por castigo de Deus, pois que Deus a ninguém castiga, e sim porque esses sofrimentos

estão em razão direta do que esses Espíritos foram quando encarnados, por causa de suas índoles ainda afeitas às mais diversas necessidades, muito ligadas às aspirações da carne. Alguns desses locais que habitam chegam a ser tenebrosos, onde imperam as trevas, as sombras, o ar pesado e asfixiante; outros, também inferiores, são comandados por Espíritos que se devotam ao mal, porque é no mal que ainda se encontram as suas mais mesquinhas aspirações. Nós, por exemplo, eu e Amália, vivemos numa colônia do espaço que tem a finalidade de socorrer Espíritos desencarnados que já possuem o entendimento necessário para poderem ser auxiliados, pois muitos, depois de anos vivendo presos ainda à matéria, aprisionados pela própria consciência ou a infames desejos de vingança e de maldade, já conseguem sentir no coração a chama de amor que Deus implantou em todos nós quando nos criou.

– O senhor disse presos à matéria?

– Sim. Muitos Espíritos ao desencarnarem, ao serem liberados do corpo físico através do inevitável fenômeno da morte, não se apercebem de que já não pertencem mais ao mundo dos encarnados e passam a viver como que num estado sonambúlico, como se estivessem vivendo dentro de um sonho, muitas vezes, um pesadelo. Pensam que ainda estão vivendo na carne e passam a conviver junto aos encarnados que amam ou junto aos que odeiam e, nesse caso, tentando de todas as formas fazê-los sofrer.

– E como não percebem que já são Espíritos livres do corpo físico?

– Como já lhe disse, vivem com se estivessem em estado de sono, como se estivessem sonhando. Outros, no entanto, já compreendem essa sua situação, mas não conseguem desvencilhar-se do amor possessivo aos que deixaram na Terra e sofrem muito, convivendo em suas casas e fazendo com que esses também sofram porque, sem o saberem, passam a sentir, também, a tristeza e o sofrimento deles.

– E esses que padecem nesses lugares horríveis de que me falou?

– São atraídos para esses locais pela própria consciência, pela vibração inferior que lhes é própria.

– E não têm chance de, sei lá como dizer, melhorarem?

– Oh, sim. Deus é justo e bom e encontra-se sempre pronto a dar uma nova chance a todos os Seus filhos, porém, é necessário que cada um queira, realmente, esse auxílio, modificando os seus próprios sentimentos. Há Espíritos que demoram longos anos para se modificarem. Alguns, séculos, mesmo.

– Mas devem sofrer muito.

– Sofrem, sim, Selma, Mas pergunto-lhe: o que significa um século de sofrimento diante da vida que é eterna?

– Penso que nada.

– Pois, então. Esse sofrimento, apesar de penoso, pode ser comparado a uma lição escolar que não se

entende no início, mas que, após um pouco de estudo, ela nos parece, de repente, muito fácil, muito compreensível.

– Não podem, agora, explicar-me o que aconteceu comigo naquela noite, quando dona Amália entregou-me o meu filho? Parecia ser aquele homem que me ameaçava e que, aos poucos foi-se modificando até transformar-se num bebê...

– Eu irei explicar-lhe também isso, Selma, mas, antes, gostaria de lhe falar um pouco a respeito das leis de causa e efeito e da reencarnação.

– O senhor ia falar-me sobre isso quando fui acordada pelo Adauto.

– Sim. Muito em breve você terá oportunidade de estudar mais profundamente a respeito desse assunto quando estiver de posse dos livros que lhe falei, mas vou dar-lhe um exemplo para que possa ter uma idéia da necessidade de o Espírito reencarnar-se e, pode crer, isso ocorre muitas e muitas vezes em sua caminhada em direção à verdadeira felicidade. Imagine que um homem, um Espírito encarnado na Terra, tenha sido assassinado por alguém, com o intuito de levar alguma vantagem sobre sua morte.

– Poderia ser, por exemplo, um assalto?

– Sim, isso mesmo: um assalto. Poderia ser, também, por causa de uma herança, por causa de uma tola discussão, mas vamos dar alguns nomes fictícios, para exemplificarmos melhor. João, por algum motivo fútil, ma-

tou José, que é casado com Maria e que possui duas crianças ainda pequenas. José era, através de seu trabalho, o único sustento daquela família. Com a sua morte, com a sua desencarnação, Maria e seus filhos começam a passar por muitas necessidades. Quase não têm nada com que se alimentarem. O aluguel encontra-se vencido e não possuem nenhum parente, ninguém que possa auxiliá-los. São despejados, passando a viver como andarilhos. O frio, a fome e a sede são a única companhia que possuem.

– *Quanto sofrimento, senhor.*

– *Trata-se, apenas, de um exemplo, Selma, mas que comumente ocorre por este mundo afora. José, por sua vez, desencarnado, sabendo tudo o que está acontecendo com sua esposa e seus filhos e não tendo, ainda, a devida compreensão a respeito das leis de causa e efeito, torna-se prisioneiro de intenso ódio e de forte desejo de vingar-se de seu assassino que provocou toda essa desgraça àqueles a quem tanto ama. Agora, vamos dar um pulo no tempo e imaginar o que está ocorrendo com João e José, algum tempo depois. João, após sua desencarnação, pelas mesmas leis de causa e efeito, encontra-se em supliciante sofrimento causado por seus próprios atos, a refletirem-se em seu corpo espiritual, o perispírito, bem como, pelo local em que vive, atraído que foi, após a morte de seu corpo físico, por causa de suas inferiores vibrações mentais. Convive com outros Espíritos também sofredores como ele, muitas vezes supliciados por Espíritos outros que malignamente dominam esses lugares. Revoltado com o que se passa, sofre mais ainda, até que é chegado um dia em que, vergastado por tanto sofrimento, lapidada toda a sua revolta e seu orgulho, num lampejo de humildade, roga auxílo a Deus, arrependendo-se de todos os erros por ele cometidos e disposto não só a modificar-se, como também, a reparar o mal cometido. É, dessa forma, auxiliado por Espíritos socorristas e encaminhado a tratamento em uma colônia de socorro como a que eu e Amália habitamos, onde também aprenderá muito a respeito das coisas da vida e de Deus.*

– E José? – pergunta Selma, bastante impressionada com a narrativa de Célio.

– José, pobre José, encontra-se ainda emaranhado nas teias do ódio e, por vales sombrios e frios despenhadeiros em que vagueia, procura por seus familiares que também já se desprenderam da vida corpórea, porém não consegue encontrá-los, pois que se encontram em um plano de vibração mais elevado, haja vista que conseguiram suportar todas as provações por que passaram, com muita resignação, conseguindo, inclusive, erguerem-se, através da chance de um trabalho pobre, mas honesto.

– E José não sabe disso?

– Sabe, mas não consegue superar o frio sentimento que abriga em seu coração, tão obcecado se encontra na idéia de vingança. Já tentara vingar-se de João, quando este ainda estava encarnado e, agora, encontra-se à sua procura, sem ainda encontrá-lo após a sua desencarnação. João,

por sua vez, depois de algum tempo de muita reflexão e estudos na colônia, sente enorme desejo de auxiliar José, pois percebe que não somente causou um grande mal à sua família, como foi o responsável, também, por esse sentimento que aprisiona José nos vales das sombras. Sabe que Maria e os filhos já o perdoaram, mas sente necessidade enorme de reparar esse mal que causou a José. Então, acompanhado por uma expedição de socorro, parte em direção ao sombrio vale em que João, desesperadamente, caminha sem rumo certo, à procura de seus familiares e dele próprio para vingar-se. Quando, por fim, o encontra, tenta, por todos os meios convencê-lo a modificar-se. Em copiosas lágrimas, pede-lhe perdão, mas, infelizmente, do endurecido coração de José, apenas ouve impropérios e ameaças. Dessa forma, a equipe socorrista, já com o consentimento dos Espíritos Superiores, passa a cumprir um programa previamente traçado: através de caridosos passes magnetizadores, dominam José, trazendo-o para a colônia, em completo estado de letargia, a fim de que, após alguns anos, com o concurso de João, Maria, esposa de José e seus filhos, efetuarem o único socorro possível para casos como esse em que somente o amor pode eliminar o ódio.

– E que tipo de socorro é esse? – pergunta Selma, bastante interessada.

– O da reencarnação.

– Como assim?

– João e Maria reencarnam, reencontram-se na Ter-

ra, casam-se, constituem uma família e recebem José como filho. Este, então, passa a amar aquele que tanto amor tem-lhe dado nessa sua nova encarnação. Veja que o ódio que José sentia por João acaba se transformando em amor. Mesmo que algum dia, de volta ao Plano Espiritual, José venha a tomar conhecimento daquela encarnação em que João o assassinou, certamente o amor prevalecerá.

– *E nessa nova encarnação não se lembram da anterior...*

– *É a dádiva do esquecimento que Deus nos oferece, Selma. Se José, reencarnado nessa nova vida, tivesse lembrança da outra encarnação, por certo continuaria a odiar João, agora seu pai.*

– *Tem razão. Tem toda a razão. Mas diga-me uma coisa: se alguém no Plano Espiritual compromete-se à fazer algo de bom, como o fará se não vai se lembrar? E como deu certo de João casar-se com Maria?*

– *Respondendo à sua primeira pergunta, quando alguém se compromete a realizar algo, certamente trará essa intenção em seu íntimo, de maneira latente. É evidente que poderá, por força, muitas vezes, de desviar-se do bom caminho, não realizar o que se propôs, porém, essa é uma escolha pessoal, de seu livre-arbítrio e que, obviamente, no futuro irá lamentar-se por ter perdido essa oportunidade, tendo que recorrer a outras tantas reencarnações quantas forem necessárias. Quanto a João casar-se com Maria, foi fruto de diversos fatores, como por exemplo, o comprometimento de um para com o outro, o que lhes valeu trazerem em suas bagagens íntimas, uma grande simpatia entre si, além do trabalho de Espíritos amigos que auxiliam nessa aproximação através de intuições medianímicas. Em outros tantos casos, esse reencontro pode não ocorrer; de outras vezes, são aproximados quase que compulsoriamente por uma grande atração que nem conseguem entender. Também aí, o auxílio do Plano Espiritual.*

– E o que é medianímico? Tem algo a ver com médium, mediunidade? Lá na vila mora uma mulher, dona Ruth, que dizem ser médium, e que aplica passes, mas nunca fui até ela. Nem sei o que é isso.

– Esse assunto você aprenderá em outra ocasião, Selma. Agora eu e Amália devemos partir porque temos um outro importante compromisso a ser cumprido. Deite-se próxima ao seu corpo e procure descansar. Durma.

– Posso dormir, também? Meu corpo já está adormecido, lá na cama.

– Você ficará num estado de leve desprendimento e descansará sua mente juntamente com o seu corpo. Uma boa noite, Selma, e que Deus a abençoe.

Dona Amália beija-lhe a fronte, despedindo-se.

XVII

– Bom dia, Adauto, aqui está o material para o exame – diz Selma, ao mesmo tempo em que coloca um frasco embrulhado por sobre o tampo de um móvel – Mas você já fez o café? Levantou-se cedo.

– Bom dia, Selma. Realmente, acordei mais cedo hoje e resolvi pôr a mesa. Você dormiu bem? – pergunta o homem, procurando disfarçar o constrangimento que está sentindo pelo que revelou à moça no dia anterior. Sentia um certo receio quanto a esse primeiro contato na manhã desse dia, pois temia que tivesse sido mal interpretado por ela e que, talvez, resolvesse ir embora. Mas a moça responde-lhe carinhosamente:

– Dormi bem, sim, Adauto, e acordei sentindo muita paz interior. Lembro-me, vagamente, de ter sonhado com um homem e uma mulher que falavam comigo de uma forma muito carinhosa mas, infelizmente, não me recordo de nada sobre o que disseram. Até dias atrás, tinha muitos pesadelos, estranhos pesadelos e a noite passada não. Levantei-me muito bem esta manhã.

– Fico muito contente com isso, Selma.

– Adauto...

– Sim...

– ...não sei se é impressão minha, mas você me parece estar um pouco retraído, constrangido.

– Estou sim – confessa o homem.

– Por causa do que me falou ontem?

– Sim – confirma timidamente.

– Gostaria que não se sentisse assim, sabe? Você é um homem muito bom e não quero que sofra por nada e nem que se sinta inferiorizado por ter-me declarado o que lhe passa pelo coração. Na verdade, não mereço tudo o que está fazendo por mim, mas deixe-me pensar mais um pouco a respeito e saiba que tudo farei para recompensá-lo.

– Não quero que faça nenhum sacrifício, Selma, e nem vou exigir de você o que não sente. Fique tranqüila. Para mim, basta sua presença nesta casa.

– Você é muito bom.

Os dois permanecem alguns segundos em silêncio até que Selma pronuncia-se, mudando o rumo da conversa:

– Sabe, Adauto, não tenho nenhum plano de saúde para cobrir as despesas com o laboratório e o médico.

– Não se preocupe com nada que diga respeito a dinheiro, Selma. Por favor, não se preocupe com nada, mesmo. Quero que tenha uma gravidez calma e tranqüila.

E vou perguntar ao médico até quando você poderá fazer o serviço doméstico.

– Nem pense nisso, Adauto. Sou pobre desde que nasci e não terei nenhuma dificuldade. Você não sabe que Deus deu ao pobre grandes reservas de energia? – diz sorrindo e brincando com a própria situação.

– Isso, o doutor Paulo é quem vai decidir. Não quero que nada aconteça com você e com essa criança. Bem, vou-me agora. Passarei pelo laboratório antes de ir para o serviço. A propósito, não virei almoçar hoje. Vou deixar algum dinheiro com você. Vá até a mercearia da esquina e compre leite e pão. Talvez não dê tempo de eu passar por lá.

– Está bem. Mas você vai chegar tão tarde assim?

– Não sei, Selma. Hoje haverá uma reunião de condôminos no prédio e pediram-me para ficar até mais tarde.

– Tudo bem. Esperarei por você.

– Até mais, então.

– Até mais, Adauto.

* * *

– Boa tarde, moça. O que deseja?

– Quero seis pães franceses e um litro de leite.

– Você é nova aqui no bairro? – pergunta o dono da padaria.

– Sim. Estou trabalhando para o senhor Adauto, como empregada doméstica.

– Para o Adauto? Quer dizer que, agora, ele resolveu ter uma empregada? Muito bom. Aliás, já tinha comentado isso com ele. Sempre achei que ele deveria ter alguém para fazer o serviço doméstico. Vive sozinho. Um bom homem esse Adauto. Um grande amigo meu.

– Um bom homem, sim – confirma a moça.

– E qual o seu nome? Penso que virá sempre aqui.

– Chamo-me Selma.

– E você mora onde, Selma?

– Moro com seu Adauto – responde, um pouco constrangida – Minha casa é muito longe e ficaria difícil vir e voltar todos os dias.

– Mora com Adauto? – pergunta uma senhora que, juntamente com outra mulher, encontram-se próximas ao balcão, intrometendo-se na conversa.

– Foi o que eu disse – responde Selma.

– Mas quem diria...o Adauto...

Selma sente-se corar pois, assim como Juvenal, o dono da padaria percebe ironia, mau juízo e maldade nas palavras da mulher.

– Quem diria o quê, dona Mirna? Quem diria o quê?

– Como assim, seu Juvenal? – disfarça a mulher com um sorriso matreiro nos lábios – Apenas quis dizer: quem diria que o Adauto fosse contratar uma empregada para fazer-lhe o serviço. Não disse nada de mais.

– Conheço-a muito, dona Mirna, – insiste o padeiro – e percebi muito bem a verdadeira intenção da senhora. Por favor, não devemos julgar as pessoas com a maldade que trazemos em nosso próprio coração, viu? E, por favor, não comece a fazer fofoca pelo bairro.

– Senhor Juvenal! Agora, o senhor me ofendeu! Vamos embora, Antonia – diz, convidando a outra mulher – Não pisarei nunca mais nesta padaria. Nunca me senti tão ofendida. E, se quer saber de uma coisa, moça, vou direto ao assunto: – dispara a mulher contra Selma – é uma pouca vergonha um viúvo trazer uma moça para dentro de sua casa para morar com ele. Sabe que ele tem idade para ser seu pai? Você deve ser uma dessas aventureirazinhas que existem aos montes por aí e que ficam dando em cima de homens bem mais velhos, visando única e exclusivamente o dinheiro que têm. Mas tome muito cuidado. Estaremos de olho em você e em seu patrão. Não queremos que ele dê mau exemplo neste bairro familiar. Vamos, Antonia.

– Meu Deus! – exclama Selma, sentindo ligeiro mal-estar e apoiando-se no balcão.

– Você está bem, moça? – pergunta Jurandir, dando a volta no balcão, amparando-a e oferecendo-lhe uma cadeira junto a uma das pequenas mesas que se encontram ali – Sente-se aqui um pouco. Que maldade de dona Mirna!

Mas você não deve ligar para ela, não, Selma. Essa mulher é um verdadeiro frasco de veneno ambulante. Viva a sua vida e não se preocupe com o que algumas poucas pessoas possam dizer. Neste pequeno bairro todos se conhecem e preocupam-se uns com os outros.

– E essa senhora deve estar preocupada com o senhor Adauto, achando que eu vou tentar aplicar-lhe um golpe, não é?

– É isso, mas como lhe disse, não ligue para isso. Com o passar do tempo, tudo se ajeitará.

– O senhor é muito bom, senhor Juvenal, mas temo pelo senhor Adauto. Se essa mulher começar a falar essas coisas por aí...

– Já lhe pedi para não se preocupar, moça. As pessoas deste local não são como essa senhora.

– E o senhor acabou perdendo duas freguesas.

– Elas voltarão. Afinal de contas, faço o melhor pão do bairro – diz o homem, sorrindo – Vá para casa e não pense mais nisso.

Selma sai da padaria e caminha depressa para casa. Tem medo de encontrar-se novamente com aquela mulher, o que não consegue evitar. Logo mais à frente, dona Mirna e Antonia estão paradas defronte de um açougue com mais três mulheres, praticamente obstruindo a passagem, obrigando Selma a descer do passeio e caminhar no meio-fio. A moça passa por elas de cabeça baixa e uma das outras mulheres fala em voz alta:

– Que depravação! Onde já se viu tamanha falta de vergonha?!

Selma sente que as pernas quase não lhe respondem, precisando fazer grande esforço para caminhar. A casa de Adauto localiza-se a poucos metros daquele local, parecendo a ela ter de levar uma eternidade para alcançá-la.

– Meu Deus! – exclama, indignada, recostando-se à porta após fechá-la, já dentro da sala – Como podem fazer isso?! Não posso prejudicar Adauto. Mas o que vou fazer? Se, pelo menos, não estivesse grávida, poderia ir embora, mas tenho que pensar no bebê em primeiro lugar. Quem sabe o médico não se enganou?

Selma passa o resto da tarde muito angustiada. As palavras daquelas mulheres não lhe saem do pensamento.

Já são quase dez horas da noite quando Adauto chega, prontamente percebendo preocupação no semblante da moça.

– Aconteceu alguma coisa, Selma? Percebo que está preocupada.

– Não aconteceu nada, não, Adauto, – mente – apenas estou ansiosa com o resultado dos testes que iremos apanhar amanhã no laboratório.

– Também estou ansioso.

– E que resultado você deseja que dê? Positivo ou negativo?

O homem fica por alguns momentos pensativo, não

sabendo o que responder. Para o bem de Selma, pensa que seria melhor que desse negativo, porém, preferia que desse positivo, pois quem sabe, se ela tiver um filho, não aceite casar-se com ele para que a criança tenha um pai? Ao mesmo tempo teme que Edson volte atrás da criança e dela. Dessa maneira, sem saber realmente o que gostaria e o que dizer, prefere dar-lhe uma vaga e fugidia resposta para a pergunta:

– Não sei o que seria melhor para você, Selma, por isso, prefiro deixar nas mãos de Deus.

– Também penso assim, Adauto.

* * *

– E então, doutor Paulo? Selma está muito ansiosa em saber o resultado.

– Pois vamos ver – diz o médico, abrindo o envelope do laboratório com o resultado do teste de gravidez. Selma e Adauto estão sentados à frente da mesa do médico.

– Estou nervosa – confessa Selma.

O médico examina o resultado e pergunta a ela:

– Que resultado você prefere que dê, Selma?

– Não sei, doutor. Estou um pouco confusa.

– O que lhe dará mais alegria? Pense um pouco.

A moça permanece alguns segundos em silêncio e, por fim, responde:

– Se o senhor me perguntasse antes de existir essa possibilidade de eu estar grávida, tenho certeza de que lhe diria que não gostaria dessa situação e que preferiria não engravidar. Agora, depois de dois dias pensando nessa possibilidade... acostumando-me já com essa idéia e até imaginando-me com uma criança nos braços, penso que, lá no fundo, gostaria que esse resultado fosse positivo. Mas, como Adauto mesmo disse, devemos deixar os acontecimentos nas mãos de Deus.

– Muito bem, moça. O resultado deu positivo. Você está grávida de um mês.

Lágrimas brotam dos olhos de Selma. Sente-se emocionada e, ao mesmo tempo, um pouco melancólica, pois gostaria que Edson estivesse ali com ela naquele momento. Gostaria de estar casada e que ele tivesse outros pensamentos a respeito da vida e um emprego decente para, honestamente, poder sustentar um lar. De qualquer maneira, vê-se invadida por forte alegria e júbilo. Vai ser mãe.

XVIII

– Preciso falar com meu pai. – diz uma moça, quando Selma abre a porta da casa, atendendo a uma insistente campainha.

– Seu pai?! – pergunta Selma, não se lembrando que Adauto possui uma filha.

– Meu pai Adauto. Quem é você?

– Sou a empregada doméstica.

– Meu nome é Áurea.

– Oh, sim, entre, por favor. Sente-se. Seu pai não está, mas já vai chegar. Você quer tomar alguma coisa?

– Não, obrigado. Como é seu nome?

– Selma.

– Papai costuma chegar a que horas?

– Daqui a pouco. Ele sai do serviço às dezoito horas e já são dezoito e trinta – responde, olhando para o relógio de parede da sala.

– Tomara que chegue logo – diz a moça, visivelmente ansiosa.

– A senhora parece-me nervosa. Posso ajudá-la em algo?

– Não. Só preciso falar com meu pai.

– A senhora me dê licença, então. Preciso terminar um serviço lá na cozinha.

– Já faz tempo que você é empregada de papai?

– Há dois meses, apenas.

– E a que horas vai embora?

– Eu moro aqui – responde Selma, procurando visualizar no semblante da moça algum tipo de reação, o que de pronto nota no tom de espanto de sua voz.

– Você mora aqui?!

– Sim.

– Papai já a conhecia antes de contratá-la?

– Eu trabalhei muito tempo num apartamento no prédio onde seu pai trabalha e como, de repente, não tinha mais onde morar, ele, um homem muito bom, disse-me que precisava de uma empregada e que eu poderia vir morar aqui – responde Selma, omitindo todo o resto, inclusive o fato de encontrar-se grávida.

– Você não tem parentes? Não é casada?

– Não, não tenho ninguém.

– Desculpe-me dizer isso, mas papai deve ter endoidecido.

– Devo ter endoidecido por que, Áurea? – pergunta Adauto, abrindo a porta da rua e tendo ouvido as últimas palavras da filha através de uma portinhola de segurança, aberta no centro dessa porta – Mas que surpresa, filha! Cadê Saulinho? Boa noite, Selma.

– Boa noite, seu Adauto – responde a moça, procurando utilizar o termo "senhor" diante de Áurea, tendo em vista a indignação dela quanto ao fato de estar morando com seu pai.

– Boa noite, pai, – responde Áurea, abraçando-o – Saulinho está em casa de minha sogra. Saulo irá buscá-lo mais tarde.

– E você está bem? – pergunta Adauto, haja vista, serem raras as visitas da filha e quase sempre quando está precisando de alguma coisa.

– Estou precisando de sua ajuda, papai – diz a moça, não conseguindo conter as lágrimas.

– Sente-se aqui, filha – pede o homem, conduzindo Áurea até o sofá e sentando-se ao seu lado – O que aconteceu? Você me parece muito nervosa. Estou ficando assustado. O que foi?

A moça olha para Selma que, percebendo o olhar, pede licença e encaminha-se para a cozinha.

– Aconteceu um imprevisto, pai, e...

– Com Saulo?

– Sim. Ele foi despedido.

– Despedido?!

– Sim. A empresa fez um corte no número de funcionários, além do que, o setor em que Saulo trabalhava foi desativado.

– Entendo, mas você não precisa ficar assim tão desesperada. Saulo é um engenheiro muito competente e não lhe faltará serviço. Fique tranqüila. Saulo não recebeu algum dinheiro?

– Recebeu, pai, mas acontece que, desculpe-me por não ter-lhe contado antes, mas é que eu não queria preocupá-lo...

– Fale, filha.

– Já faz alguns meses que Saulo foi despedido e o dinheiro já está no fim. Ele já arrumou um outro emprego, sabe? Vai começar a trabalhar na próxima semana.

– Pois, então...

– Acontece que nós tivemos que fazer uma dívida...

– Entendo, filha. E é muito alta?

– Não é muito, pai, mas vai ser difícil liquidá-la de uma só vez e eu pensei que, talvez, o senhor pudesse nos emprestar... pagaremos assim que pudermos.

– Mas é lógico, Áurea. Por que não me procurou antes? Por que desesperar-se assim? Bastava procurar-me. Sabe que tenho minhas economias.

– É que Saulo não queria que eu lhe pedisse, mas agora... ele acabou concordando.

– Ah, o Saulo não mudou nada, não é?

– Ele é um pouco orgulhoso.

– Vou lhe dar dar um cheque, filha. Vocês me pagam quando puderem.

– Muito obrigada, pai.

– Bem, Áurea, gostaria que dormisse aqui esta noite. Já escureceu e você mora longe. Amanhã de manhã eu a levo até o centro da cidade e poderá tomar uma condução até sua casa.

– Preciso retornar, pai. O Saulinho...

– Não se preocupe, filha. Saulo saberá tomar conta dele. Mais tarde, você telefona para a sua casa, para saber notícias.

– Está bem.

– Selma! – chama Adauto.

– Pois não, seu Adauto – responde, chegando até a porta da cozinha.

– Por favor, prepare alguma coisa para comermos. Minha filha deve estar com fome.

– Pode deixar. Tenho comida na geladeira.

– Você não quer tomar um banho, Áurea? Enquanto isso, vou preparar o sofá para você passar a noite.

– Não posso dormir no quarto?

– Selma dorme lá.

– A empregada dorme aqui dentro de casa?! – pergunta, surpresa.

– Dei-lhe o quarto, minha filha.

– Mas para que serve o quarto de empregada no quintal?

– Selma é mais do que uma empregada, Áurea. Ela é a única companhia que tenho e resolvi que ela poderia dormir aqui dentro.

– Não estou entendendo o senhor, pai. Sempre disse que nunca contrataria uma empregada. Sempre utilizou-se de uma faxineira e comia num restaurante. O que o fez mudar de idéia?

– Conheço essa moça há muito tempo. Trabalhava lá no prédio e quando soube que ela não tinha mais onde morar e que estava grávida...

– Grávida?!

– Sim. Ela está grávida.

– O senhor ficou louco, pai?! Como pôde trazer uma estranha para morar aqui dentro e, ainda por cima, grávida?! O que as pessoas do bairro vão dizer?

– Eu não me importo com o que possam dizer, filha. Selma é uma boa moça e quero ajudá-la.

– Pai, me conte essa história direito. E o homem que a engravidou?

– Sumiu.

– Sumiu?!

– É um marginal.

– Meu Deus, pai. O senhor recolhe em casa uma mulher engravidada por um marginal?

– Ela foi enganada por ele, Áurea.

– Não consigo entender. Sinceramente. O senhor... um homem sensato, cuidadoso, rígido com os bons costumes, fazendo uma besteira dessa?

– Por favor, minha filha, meça melhor suas palavras. Não tenho que ouvir esse tipo de ofensa, principalmente de minha própria filha.

– Mas, papai, o senhor há de convir que devo estar assombrada, estupefata com essa história, não é?

– Eu até a entendo, Áurea, mas pode ter certeza de que sei muito bem o que estou fazendo.

– E quando nascer essa criança? O que vai fazer?

– Selma vai criá-lo aqui nesta casa, enquanto quiser.

– O senhor não acha que as pessoas pensarão que esse filho possa ser seu?

– Sabe que até propus a Selma casar-me com ela e ser o pai desse seu filho?

– Não! Essa não! Meu pai, o senhor não pode estar falando sério!

– Pois nunca falei tão sério em toda a minha vida. E

perdoe-me se falo sobre isso com a maior tranqüilidade, sem rodeios e sem preparações. Você me conhece e sabe que sempre fui muito franco.

– Mas hoje o senhor não está sendo franco. Perdoe-me, mas hoje o senhor está me parecendo um doido varrido. Veja a sua idade, pai. O senhor tem idade para ser seu pai. Diga-me uma coisa: o que ela fez para que o senhor se apaixonasse assim?

– Ela não fez nada, Áurea. Aliás, nem quer nada comigo. Ela ainda ama aquele bandido que a engravidou. É um traficante e farei tudo para tirá-lo da cabeça dela. Selma não merece sofrer por aquele canalha. Sei o que estou falando, porque já conversei algumas vezes com ele quando ia buscá-la no emprego. É um patife.

– Não consigo acreditar, pai. O senhor está obcecado. E tenho certeza de que é ela quem o está fascinando desse jeito. Ela sabe que o senhor, apesar de ser um homem simples, tem dinheiro, tem casas, tem bens. É isso que ela quer do senhor. E ainda se faz de difícil! Já vi tudo nessa mulher. Já não gostei do seu jeito desde o primeiro instante em que a vi.

Selma chora copiosamente na cozinha, pois tanto Adauto como sua filha falam num volume de voz que não há como evitar ouvi-los.

– Meu Deus, o que estão falando? Como podem?

Procura, então, controlar-se, enxugando as lágrimas e recompondo-se.

– O que faço agora? – pensa – Como vou encará-los? Sabem que devo estar ouvindo tudo o que estão falando. Oh, meu Deus, não vou conseguir sentar-me à mesa com eles. O que faço? Vou para o meu quarto? Áurea achou ruim com seu pai porque terá que dormir no sofá da sala. Devo fazer de conta que não ouvi nada?

– Selma, por favor, venha até aqui – pede Adauto.

A moça passa o avental no rosto ainda molhado pelas lágrimas, ajeita os cabelos e dirige-se até a sala.

– Pois não, seu Adauto.

– Sente-se aqui nesta poltrona.

Selma atende o pedido e Adauto continua:

– Você deve ter ouvido o que conversamos, eu e minha filha.

– Sim. Não pude deixar de ouvi-los.

– Pois quero que releve a nossa conversa. Entendo, perfeitamente, a minha filha em sua preocupação, mas sei que ela está errada e que, se conviver um pouco só com você, irá mudar logo de idéia. Já disse a você tudo o que sinto e peço-lhe que não se constranja com isso e, muito menos, com as pesadas palavras de Áurea. Ela estava com um problema muito sério com o seu marido e entendo que ainda esteja um pouco nervosa. Mas não vou permitir que maltrate você. Somente lhe peço, Selma, que tenha muita compreensão para com ela. Você me entende?

Selma permanece por alguns segundos em silêncio e, por fim, pronuncia-se:

– Nem sei o que dizer, seu Adauto.

– E não precisa mais chamar-me de "seu Adauto". Sei que assim o faz para disfarçar que nos tratamos com menos cerimônia. Pode continuar a chamar-me de Adauto sem o "senhor" ou o "seu".

– Não quero que vocês dois se desentendam por minha causa, assim como não sou como você pensa, Áurea. Estou aqui porque não tinha, realmente, para onde ir e seu pai estendeu-me a mão. Não podia recusar. Estava desesperada, mas assim que tiver o bebê...

Áurea a interrompe, com o mesmo tom de voz que até aquele momento conversara com seu pai:

– Ora, pare com isso, moça. Se você aceitou o convite de meu pai, quando tiver essa criança, é evidente que dependerá muito mais de seu apoio. Olhe, papai, o senhor é dono de seus atos, de sua vida e não tenho nada que intrometer-me, mas vou lhe dizer uma coisa: abra bem os seus olhos, ouviu? Abra bem os seus olhos, porque a mim ela não engana. O senhor está enceguecido de amor e não tem mais o bom senso para avaliar os verdadeiros propósitos de alguém que tem a idade de ser sua filha e que não está nem um pouco se importando com o que as pessoas poderão dizer a seu respeito. Poderão ou já estão dizendo. Por isso, vou dizer-lhe mais uma coisa – continua Áurea, bastante nervosa e, agora, com as palavras entrecortadas por soluços – : fico só mais esta noite aqui, porque não tenho mais como voltar para minha casa, mas amanhã de manhã, se esta moça ainda estiver aqui, vou-me embora e nunca mais vai ouvir falar de mim. Só não lhe devolvo o cheque por causa de meu filho. Mas vou pagar-lhe muito em breve. Agora o senhor decide: ou eu ou ela!

Dizendo isso, Áurea levanta-se e tranca-se no banheiro.

– Áurea, minha filha! Procure entender. Oh, meu Deus, ajude-me e à minha filha – roga o homem, desesperado – Selma, por favor, não dê ouvidos ao que ela está falando. Por favor. Amanhã estará mais calma e falarei com ela. Tenho certeza que estará pensando de maneira diferente. Por favor, não se preocupe com tudo isso.

– Vou para o meu quarto, Adauto.

– Não vai comer nada?

– Já comi alguma coisa. Boa noite – despede-se Selma, chorando e dirigindo-se para o seu quarto.

– Boa noite, Selma e procure dormir tranqüilamente. Vou jantar com Áurea e procurar conversar melhor com ela.

XIX

– Meu Deus, me ajude! – roga Selma, em seu quarto – O que devo fazer? Aqui não posso mais continuar. Não tenho o direito de interferir no relacionamento de Adauto e sua filha. Mas e o meu bebê? – chora, emocionada, passando carinhosamente as mãos pela barriga – Logo agora que perdi o meu emprego, apesar de que dona Helena não iria permitir que eu continuasse a trabalhar grávida. Ela é uma pessoa fria e que só pensa nela. Iria dar um jeito de despedir-me. Já fez isso com uma outra empregada. Sei disso.

Permanece por alguns minutos pensativa até que toma uma decisão:

– Vou-me embora. Pedirei ajuda para dona Cleusa. Quem sabe? Pareceu-me uma boa mulher. Vou para minha casa.

Selma apanha sua sacola, coloca nela as poucas peças de roupa que possui e aguarda que algumas horas se passem. Em seguida, abre cuidadosamente a porta de seu quarto e verifica que o quarto de Adauto está com a porta fechada. Pé ante pé, procurando não fazer nenhum barulho, dirige-se até a porta da rua, parando no meio da sala, quando percebe que Áurea vira-se no sofá.

– O que está fazendo? – pergunta a moça.

– Por favor, fale baixo – sussurra Selma – Vou-me embora. Não fale a Adauto que me viu. Não quero que ele brigue com você. Seu pai nunca mais vai ouvir falar em mim.

Áurea permanece em silêncio, sem saber o que fazer ou o que falar.

– Nem sei o que lhe dizer – diz Áurea, mais calma agora e com um ímpeto de pedir a Selma que continue naquela casa, pois conversando mais calmamente com o pai, percebera o amor que ele sente pela moça, mas seu egoísmo fala mais alto e fica em silêncio.

– Leve também um abraço ao seu filho e diga-lhe que ele tem um avô muito bom e que poderá aprender muito com ele. Adeus, Áurea.

– Espere... – ainda diz Áurea, titubeante quanto à atitude a tomar naquele instante.

Selma, então, sai da casa. São perto de onze horas da noite e ela apanha um ônibus circular, num ponto a algumas quadras com destino à pobre vila onde morava.

– Já é tarde – pensa, ao descer do ônibus – Vou para minha casa. Amanhã procurarei dona Cleusa. E que Deus me ajude e ao meu filho.

Abre a porta de seu barraco e entra sem acender a luz

para não chamar a atenção de ninguém e de nenhum vizinho. Também não percebe que policiais se encontram nas imediações de seu barraco, à procura de um marginal foragido e, como tudo o que ocorre nesses locais, onde o crime parece aglomerar muitas pessoas a ele ligadas não só pelas baixas condições de vida, como também pela afinidade de vibrações e sentimentos inferiores, Selma vê-se, novamente, às voltas com um outro marginal, quase que numa repetição do que lhe acontecera há quase dois meses, quando ali encontrara Sandro, de tocaia. Só que desta feita, não se trata de ninguém ligado a Edson, mas um simples foragido da polícia que, percebendo o barraco desabitado, procurou ali esconder-se, pois havia muitos soldados em seu encalço e esses homens da lei perceberam quando Selma chegou silenciosamente e no barraco entrou sem acender as luzes.

– Quem está aí? – pergunta Selma ao perceber que não se encontra sozinha.

– Cale sua boca, moça, ou lhe mato – ameaça o homem, encostando-lhe o cano de um revólver na cabeça.

– O que você quer? – sussurra Selma, tremendamente amedrontada.

– Quieta! Não fale.

Nisso, ouvem-se gritos do lado de fora do barraco. É a polícia.

– Renda-se, Tião! Saia já daí com as mãos para cima

ou vamos invadir! Saia já! Você e essa sua companheira! Vamos, homem! Saia!

– Só saio morto! – grita o marginal – E esta mulher vai junto comigo! É minha refém!

– Pare com essa besteira, Tião! Sabemos que é sua mulher! Saiam os dois! Já!

– Não!

– Vamos, homens! – grita o policial, arrombando a porta e escondendo-se por detrás da parede – Saia, Tião! Vamos começar a atirar! Saia!

– Eu mato a moça! – grita o homem.

– Pois mate, então! – blefa o soldado, pensando realmente tratar-se da mulher do foragido – e, em seguida, saia! Você não vai escapar! Vamos! Obedeça!

E o soldado dispara dois tiros para o alto, na tentativa de amedrontar o bandido que, vendo-se sem saída, rende-se aos policiais que o algemam, igualmente o fazendo com Selma.

– Ei, por que estão me prendendo? Não sei de nada do que está acontecendo aqui. Esta é minha casa e foi invadida por esse homem que nem conheço.

– Isso você vai explicar na delegacia, moça.

– Perguntem aos vizinhos.

– Que vizinhos, mulher? Que vizinhos? – pergunta o policial.

Realmente, não havia ninguém na rua naquela hora. A maioria dos moradores ouviu os tiros, mas não se arriscou a sair de suas casas, com medo de se envolver com o que estava acontecendo.

– Por favor, seu guarda. Não me leve para a cadeia. Não tenho nada com esse homem. Não o conheço.

– Você conhece essa mulher, Tião? – pergunta o soldado.

O bandido, na tentativa de confundir a polícia, mente:

– Quem não a conhece? Costumamos nos refugiar em seu barraco. E pagamos muito bem a ela.

– É mentira! É mentira! Sempre fui uma moça honesta! Telefonem para dona Helena, para Adauto. Eles falarão por mim. Telefonem – grita Selma, completamente fora de si, tamanho o nervosismo que está sentindo, além do grande medo de ser confundida com uma marginal.

– Você terá oportunidade de falar tudo isso ao delegado, moça. Agora, vamos.

Dizendo isso, Selma e Tião são encaminhados à viatura policial e levados até a delegacia.

* * *

– *As coisas estão se complicando para Selma, Célio – comenta Amália com o marido que, naquele momento, acompanham toda a cena da prisão da moça.*

– Selma é um Espírito muito bom, Amália, e Deus não vai desampará-la e nem desamparar-nos em nossa missão de auxiliá-la e a Osório.

– Mas por que não conseguimos evitar essa tragédia, Célio? Fizemos de tudo para fazê-la dirigir-se diretamente para a casa de dona Cleusa...lá teríamos maior facilidade em auxiliá-la, tendo em vista as boas vibrações daquela mulher, apesar de dona Cleusa estar passando por momentos de muita dificuldade. Por que ela não nos ouviu e veio para seu barraco, onde estava escondido aquele infeliz?

– Não se esqueça, Amália, que não podemos influir em tudo na vida de nossos irmãos encarnados, pois não devemos esquecer-nos de seu livre-arbítrio. Além do mais, essa situação de perigo de prisão, atraiu-a inconscientemente. Você sabe que o Espírito encarnado, em sua caminhada de resgate, normalmente, através de seu carma, é atraído para os acontecimentos que o levarão a vivenciar situações que possam encaminhá-lo ao aprendizado edificante para o seu próprio aprimoramento. Deus não castiga nenhum de seus flhos, apenas permite que lhes sejam proporcionados momentos de reflexão junto a fatos que um dia tenham gerado em prejuízo do próximo. E como nós sabemos, Selma teria que passar por uma situação dessa. É evidente que, pelo seu já adiantado estado evolutivo, essa experiência não lhe será tão penosa, porque muito já aprendeu a respeito do mal que, no passado, causou a alguns tantos irmãos. E pode ter certeza de que está sendo, agora mesmo, atraída para o convívio de outros Espíritos,

também endividados, que muito ainda têm que operar no Bem para resgatar seus males.

– Se todos os Espíritos tivessem fé em Deus, nosso Pai, certamente conseguiriam ter uma noção de que tudo o que nos ocorre em nossa vida é para o nosso próprio bem e deixariam de lamentar-se tanto quando se vêem à frente, muitas vezes, das mínimas contrariedades e dos mínimos embates da vida.

– Além do mais, Amália, não devemos nos esquecer da ação que Espíritos credores realizaram contra ela, neste momento. Veja-os. Vão acompanhar a viatura da polícia.

– Sim, Célio, a viatura já está partindo. Vamos acompanhá-los.

– Vamos, sim.

* * *

– Tranque-os, guarda. Amanhã tomarei o depoimento. Agora estou muito cansado e vou para casa.

– Pode deixar, doutor.

– Vocês não podem prender-me aqui! Eu não fiz nada! – grita Selma, ao ser levada para uma cela comum, onde já se encontram mais seis mulheres, aprisionadas naquela noite – Estou grávida.

– Todas dizem isso, moça. Todas dizem isso para escapar das grades. Agora, aquiete-se. Amanhã virei buscá-la para falar com o delegado – diz o soldado que a trancafia – Seus objetos estarão bem guardados conosco. Quando sair daqui, e não sei quando, poderá apanhá-los na saída.

– Por favor, ouçam-me! Ouçam-me! Um telefone! Preciso telefonar!

– Cale essa boca. Queremos dormir – diz uma das detentas, conhecida pelo apelido de Dália, uma mulher gorda, que parece ser a líder das outras prisioneiras – Apanhe um colchão aí no chão, um cobertor, deite-se e pare de gritar desse jeito.

Somente nesse momento, Selma observa a cela em que se encontra. Mais seis mulheres estão deitadas em colchões velhos e tão sujos quanto o cubículo de pouco mais de dez metros quadrados, tendo, a um dos cantos, um vaso sanitário que não deve estar funcionando corretamente, pois todo o local fede a urina e fezes, o que causa imenso mal-estar em Selma. Somado isso ao seu descontrole nervoso, sente incontidas náuseas, o que a faz correr até esse sanitário.

– Ei, pare com isso! – grita Kátia, outra das detentas – Você está vomitando! Argh! Não suporto isso! Pare!

Selma parece não ouvi-la e é com muito esforço que consegue manter-se em pé, apoiando-se numa das paredes. Uma mulher muito magra e fisicamente debilitada, de nome Rosa, ampara-a, trazendo-a para o seu próprio colchão.

– Cale-se! – grita para a companheira – Não vê que

ela está passando mal? Está toda molhada de suor. Acalme-se, garota. Como é seu nome?

– Selma – balbucia.

– Procure acalmar-se. De nada adiantará ficar nervosa. Tem que ter muita paciência.

– Eu estou grávida.

– Verdade, mesmo?

– Sim. Estou de dois meses.

– Pois procure dormir, agora. Precisa repousar. Amanhã será outro dia e o delegado deste distrito é muito bom. Pode acreditar. Ele irá ouvir você com muita atenção. Sei o que estou falando, afinal de contas, já sou freguesa aqui, há muito tempo. Aliás, todas nós somos freguesas. Fazemos parte de um mesmo grupo de mulheres da vida. E você? É a primeira vez que é presa?

– Estou presa por engano – explica Selma.

– Eu também – fala uma moça, aparentando pouco mais de vinte anos.

– Você também? – pergunta Selma.

– Nesta Delegacia, sim – responde dando uma gargalhada.

– Fique quieta, Mônica – chama-lhe a atenção uma outra jovem, – Você é rato de porão de cadeia.

– Rato de porão?! Pois já mostro para você quem é

rato de porão – responde, avançando contra a outra, não chegando a alcançá-la, pois Dália segura-a na metade do caminho.

– Já disse às duas que não quero tumulto aqui. Fiquem quietas ou vou ser obrigada a castigá-las.

– Mas você estava dizendo que foi presa por engano. O que foi que aconteceu? – pergunta a gorda.

– Eu moro numa vila muito pobre. Moro num barraco e quando cheguei à noite, havia um homem lá dentro. Estava sendo perseguido pela polícia. Quando o prenderam, quiseram trazer-me para cá. Disse, então, que não o conhecia e ele, maldosamente, falou para os policiais que já estava acostumado a refugiar-se em meu barraco e que outros também o faziam. Disse, ainda, que me pagavam bem por isso.

– Que canalha! Mas não se preocupe. Conte toda a verdade para o doutor e ele saberá o que fazer para desmascarar o bandido.

– Temo por meu filho – diz Selma, acariciando a barriga.

– Ele já se mexe? – pergunta Verê, outra das moças.

– Ainda não – responde – Mas eu já o amo muito.

– E cadê o pai dele?

– Não sei – responde, timidamente.

– Gostaria muito de casar-me e ter um bebê – comenta uma moça que até aquele momento ainda não tinha se pronunciado.

– E quem vai querer casar-se com você, Lia? Você é mulher da vida, uma prostituta barata.

– E quem daqui não é? Todas somos.

– Vocês se conhecem, umas às outras? – pergunta Selma.

– Sim – responde Dália – Na verdade, trabalhamos todas juntas. Fazemos "ponto" juntas.

– E estão presas por isso?

– Sim. É muito difícil sermos presas, desde que nos portemos bem. Acontece que um patife tentou enganar a Rosa e nós fizemos o maior escândalo. Aí, não deu outra, fomos presas. Não gostaria de trabalhar conosco?

– Selma não é prostituta e está grávida – defende a mulher que a amparara.

– Como não? – rebate Lia – Ela nem sabe quem é o pai de seu filho...

– Saber eu sei. Só não sei onde se encontra.

– É a mesma coisa. Mas eu sonho, sim, em casar-me, ter uma casa, um marido trabalhador e que me ame muito. E ter um bebê. Iria dar muito carinho a ele, sabe? Muito carinho, mesmo – diz, agora, com uma voz característica de quem começa a chorar e que a penumbra da cela não deixa que se veja – O carinho que nunca tive. Nunca tive um pai e nem uma mãe, sabe? Não sei o que é isso. Às vezes revolto-me com a minha situação e fico perguntando-me: por que não sou igual às outras moças ou mulheres? Nem sei se posso ainda considerar-me uma moça, apesar da pouca idade que tenho. Já passei por tanta coisa... Mas tenho muita fé em Deus e tenho certeza de que ainda conseguirei conquistar esse meu sonho.

– Pois eu já perdi a fé e nem consigo sonhar mais. Apenas sobrevivo – diz outra.

– Posso passar a mão em sua barriga, Selma? – pergunta Lia.

– Pode, sim. Venha até aqui.

A moça, então, dirige-se até onde Selma está deitada e, abaixando-se, acaricia seu ventre com muito carinho.

– Cuide muito bem dele, moça, e se for menina, ampare-a mais ainda. Não deixe que se perca na vida como nós. Ame-a bastante. Dê-lhe todo o seu carinho.

Lia fala com tanta emoção, com tanto amor, que suas palavras tocam o coração das outras mulheres, que não conseguem conter as lágrimas, procurando todas disfarçar, pois temem entregarem-se ao que consideram uma fraqueza e têm que ser fortes para enfrentar o mundo em que vivem. Ninguém fala nada, limitando-se a deitar para dormirem.

* * *

– *Olhe, Amália, que força possui uma ou mais pala-*

vras revestidas de muito amor. Luzes benfazejas invadiram esta cela, atraídas pelas vibrações destas mulheres e as sombras foram afastadas, carregando consigo as entidades perturbadas que se compraziam no mal, junto a estas pobres infelizes.

– É verdade, Célio. São mulheres que vendem o seu corpo em troca da própria sobrevivência, mas que possuem muito amor no coração. Bastou a simples menção de um bebê para que ressurgisse nelas o instinto maternal, o amor que Deus plantou no coração de cada uma, filhas diletas de Seu coração.

– E as trevas não suportaram tanta luz.

– Se todos os Espíritos, encarnados ou desencarnados, soubessem a força que possuem num simples gesto de carinho, numa simples manifestação de amor, a Terra já seria um paraíso.

– Venha. Vamos aproveitar esta bênção que desce do Mais Alto e ministrar passes nestas nossas irmãs para que despertem mais confiantes e esperançosas.

XX

– Muito bem, Selma, diga-me: o que Tião estava fazendo em seu barraco, ontem à noite? – pergunta o delegado Márcio.

– Eu já lhe disse, doutor, não conheço esse homem. Nunca o vi. Cheguei em minha casa e, antes que eu acendesse a luz, ele me segurou e ameaçou-me. Daí, ouvi um policial que gritava, ordenando que se entregasse. Juro-lhe, delegado, eu não o conheço.

– Mas ele afirma que você costuma acobertar foragidos em troca de pagamento.

– É mentira, doutor. Pergunte a ele o que mais sabe sobre mim. Garanto que não saberá dizer, pois nunca me viu antes. Nunca o vi em nossa vila.

– Você disse que está grávida.

– Sim.

– E quem é o pai da criança?

– Meu namorado.

– E quem é esse seu namorado?

– Seu nome é Edson.

– Edson de quê?

– Edson de Souza.

– E onde ele se encontra agora? Onde trabalha?

– Eu não sei, doutor. Ele sumiu.

– Sumiu? Como, sumiu?

– Também não sei, doutor. Ele, simplesmente, desapareceu.

– É da vila?

– Sim.

– E onde trabalhava?

– Bem, ele estava desempregado, mas disse-me que havia arrumado um emprego de lavador de pratos.

– Onde?

– Também não sei.

– Escute, minha filha. Você está grávida de um homem que não sabe onde se encontra, que arranjou um emprego, mas que também não sabe onde. Você deve estar querendo me enganar.

– Mas é verdade, doutor.

Nesse momento, um policial à paisana entra na sala e fala ao ouvido do delegado.

– Você tem muita sorte, moça. Tião acabou de confessar que, realmente, não conhece você. Não sei se está falando a verdade ou está mentindo para livrá-la dessa encrenca, mas de uma coisa fique certa: ficaremos de olho em você. Não dê mais nenhum passo em falso ou a prenderemos novamente. A propósito, não acoberte mais nenhum bandido ou eu lhe prometo que irá mofar na cadeia. Pode ir.

– Estou livre?

– Já disse: pode ir.

– Só queria lhe dizer uma coisa, doutor.

– O que é?

– Pode acreditar em mim. Sou uma moça pobre, mas honesta. Quanto ao namorado, errei em confiar cegamente nele.

– Está certo e procure tomar conta direitinho dessa criança. Não vá deixá-la sofrer.

– Pode ter certeza disso. Vou-me, então.

Selma já está atravessando a soleira da porta da sala do Delegado, quando este, num impulso, chama-a de volta.

– O que foi, doutor?

– Você me pareceu uma moça muito boa, por isso, quero dar-lhe um presente.

Dizendo isso, o homem abre uma gaveta e dela retira um livro, entregando-o a Selma que, ao olhar para o título, diz, maquinalmente, sem saber o porquê:

– Deus lhe pague, doutor. Tenho certeza de que este livro em muito me ajudará e ao meu filho. Estava, mesmo, esperando ganhá-lo de alguém.

– Estava esperando ganhá-lo?!

– Como? – surpreende-se a moça com o que dissera.

– Você disse que estava esperando ganhá-lo.

– Eu disse isso?

– Disse.

Selma limita-se a menear a cabeça horizontalmente, como a demonstrar que não está entendendo nada. O delegado estranha o fato.

– Vá com Deus, moça, e leia o livro. Tenho uma intuição de que fará um bom proveito dele.

– Obrigada.

Selma sai da sala, percorre longo corredor, apanha as suas coisas e sai para a rua.

– E agora, meu Deus? O que vou fazer? Será que devo procurar dona Cleusa? Tenho medo de retornar à vila. Talvez, à noite. Mas tenho que fazer alguma coisa. Tenho pouco dinheiro e tenho que comer, pois meu filho precisa que eu o alimente.

Sai da delegacia e resolve caminhar até a vila. É manhã e poderá chegar lá à noite, se for bem devagar. Pretende comer alguma coisa no caminho.

– Ei, Selma! Selma! – alguém a chama. É uma voz feminina.

Olha para os lados e não consegue ver a pessoa, pois naquele horário, o movimento de pedestres é muito grande.

– Selma! Selma!

Olha para o lado esquerdo e vê Lia atravessando a avenida em sua direção.

– Lia! – exclama, quando a moça chega à sua frente – Você foi libertada também?

– Sim. Eu e as outras. Não lhe disse que esse delegado era um bom homem? Nem quis falar conosco. Enquanto ele estava falando com você, nos libertaram e resolvemos aguardar para ver se você seria solta também. O que aconteceu?

– Aquele tal de Tião confessou que não me conhece.

– Que patife, heim?! Mas o que interessa é que você está livre.

– Graças a Deus.

– Olhe lá do outro lado da calçada.

Selma olha para a direção indicada e vê as outras cinco moças que acenam para ela e lhe sorriem.

– E agora, para onde você vai?

– Não sei...pensei em pedir ajuda para uma mulher que mora lá na vila. Ela é muito boa.

– Você pretende voltar para aquele lugar? Está ficando louca?

– Mas o que vou fazer? Tenho que arrumar um lugar para ficar e preciso arranjar um emprego para sustentar-me.

– Que emprego, Selma? Quem vai dar emprego para uma mulher grávida?

– Então não sei o que fazer.

– Olhe, vamos fazer uma coisa. Você fica conosco em nossa casa. Temos uma casa, sabia? Está certo que é uma espelunca, mas é um teto e temos lá bastante comida. Pelo menos, arroz e feijão não nos falta. Que me diz?

– Não sei. O que dizem as outras?

– Elas me pediram para dizer-lhe isso se fosse libertada.

– Mas...

– Não tenha receio, Selma. Não levamos freguês nenhum para a nossa casa. Fique tranqüila.

Selma não sabe o que fazer. É a segunda vez em quase dois meses que alguém a acolhe em seu lar. Primeiro, foi Adauto, agora, essas moças.

– Vamos – insiste Lia – Experimente. Se não gostar, poderá ir embora.

– Mas por que estão querendo fazer isso por mim? Serei uma boca a mais para ser alimentada.

– E, se Deus quiser, logo, logo, mais uma boquinha. Vamos, Selma. Decidimos auxiliar você e a criança. Queremos ajudá-la. Que mal há nisso? Nunca tivemos oportunidade de fazer o bem. Dê-nos esta chance. E pode ter certeza: todas nós nos simpatizamos muito com você.

– Venha, Selma! Venha! – gritam as outras cinco moças do outro lado da rua.

– Eu vou – resolve a moça, entusiasmada. – Eu vou. Vocês são muito bondosas.

– Então, vamos – convida Lia, tomando-a pelo braço e atravessando a rua com ela, em direção às outras que, sem o menor pejo, ruidosamente, batem palmas pela decisão de Selma.

– Meu Deus! Vocês são mesmo umas loucas! – brinca, rindo.

– Mas verá como todas têm um grande coração.

* * *

– Você ficará com esta cama que foi de Adelina. Ela partiu o mês passado. Foi para a casa de uns tios que a descobriram aqui. Sorte dela – diz Dália, após mostrar a Selma a pequena casa em que moram, mais ou menos próxima ao centro da cidade.

A casa, herança deixada pelos pais de Dália, que morreram quando ela tinha apenas catorze anos, é muito pequena e velha. Possui uma sala, dois quartos, uma cozinha, banheiro e pequena área de serviço. Sua porta principal dá para a calçada e não possui abrigo para carro. A pintura verde, de tão gasta e descascada, já está dando lugar à anterior de cor amarela. Na sala, um pequeno quadro tem os seguintes dizeres: "A casa é pequena, mas o coração de quem aqui mora é muito grande".

– E, então, Selma? Está satisfeita? – pergunta Rosa.

– Meu Deus, isto é um palácio!

– Fico contente que goste – diz Lia.

– Bem, se quiserem, posso começar a fazer o almoço.

– Oh, sim – exclama Dália – Venha comigo até a cozinha. Vou mostrar-lhe onde encontrará os ingredientes.

O restante do dia transcorre com bastante alegria, todas procurando alegrar Selma, como se ela fosse uma antiga parente ou grande amiga de todas. Porém, quando começa a escurecer, após tomarem um prato de sopa, uma indisfarçável tristeza parece invadir o ambiente, o que não deixa de ser notado por Selma que, sentando-se num velho e roto sofá, fica a observar as novas amigas em seus verdadeiros rituais de preparação para a noite que se avizinha. E, tal como artistas de um estranho espetáculo, num bizarro e nervoso vaivém, vestem-se de maneira ousada e pintam-se exageradamente; apetrechos de pintura passam freneticamente de mão em mão. Mas nem toda essa atividade consegue eliminar um halo de muita tensão e angústia a estampar-se no rosto de cada uma dessas pobres mulheres.

– Vamos, meninas – clama Dália –, ao trabalho e que Deus nos acompanhe e proteja.

– Amém! – respondem as outras em coro.

– Não nos espere, Selma. Não temos hora para voltar.

– Se puder, – pede Lia – antes de dormir, faça uma oração por nós.

– Eu farei. Farei, sim – promete a moça, um tanto impressionada com tudo aquilo, principalmente quanto à aparente apreensão de todas e fica a pensar: – Meu Deus! Não imaginava que essas mulheres que têm esse tipo de atividade pudessem ser assim: tão boas de coração e tão temerosas quanto ao que fazem. Será que é tão perigosa, assim, essa vida? Oh, meu Deus, meu Jesus, protejei-as.

A moça continua sentada ali por mais alguns minutos, sem saber o que fazer. Depois levanta-se e liga um velho televisor, porém, as imagens são tão fracas e embaçadas que resolve desligá-lo. Está sem sono e não quer ficar pensando na vida. É, então, que se lembra do livro que o delegado lhe deu. Apanha-o e começa a lê-lo. Trata-se de um romance espírita, onde um enredo bem arquitetado, envolvendo um casal e uma filha nas mais diversas agruras de uma vida pobre, traz ali, entremeado nos acontecimentos, muitos ensinamentos da Doutrina Espírita. E Selma envolve-se completamente com a leitura. Alguns desses ensinamentos a surpreendem pela facilidade com que os entende, parecendo já saber alguma coisa a respeito. São justamente as lições sobre reencarnação e as leis de causa e efeito que Amália lhe explicara em seu desprendimento e que, apesar de não lembrar-se, os traz de maneira latente no subconsciente.

– Interessante, – diz para consigo mesma – aqui explicam algo que é o que dona Ruth, lá da vila, faz. É sobre passes. Mas acho um pouco complicado de entender. Vou ler de novo, com bastante atenção: "...tudo o que existe no Universo é formado por um fluido cósmico ou fluido universal que é o plasma divino, hausto do Criador...". Deve ser uma substância que parte de Deus e que constrói tudo o que existe – conclui a moça que, nesse momento não está sozinha. Amália e Célio estão ao seu lado, auxiliando-a no entendimento, dando-lhe, através da intuição, idéias mais palpáveis para que ela entenda a leitura. Aliás, é o que sempre ocorre quando uma pessoa lê um livro espírita. Espíritos protetores estão sempre a auxiliá-la na compreensão do texto e, muitas vezes, fazendo-a levar o entendimento para um ângulo em que ela mais necessite naquele momento de sua vida.

– Pelo que estou entendendo –, raciocina Selma – nosso corpo, as coisas que existem, a água, o ar, tudo é formado por essa substância. Diz aqui que até "...os átomos e as partículas que os constituem são formadas por esse fluido cósmico...". Deixe-me ver, mais aqui à frente, diz que todos nós somos Espíritos que possuímos um corpo e o que nos liga ao corpo é o perispírito, que também é um corpo, só que em outra dimensão, ou seja, que nós não podemos ver enquanto encarnados, mas que podemos vê-lo e até tocá-lo quando desencarnamos, quer dizer, com a morte de nosso corpo. Morto o corpo físico, passamos para a verdadeira vida, para a verdadeira dimensão, com esse corpo chamado perispírito e que o corpo de carne é uma cópia desse perispírito. É como se fôssemos para um outro lugar, onde os Espíritos se vêem e se tocam. Inclusive, que existem cidades, hospitais, escolas, tudo o que existe aqui. E assim como existem lugares bons, existem também lugares ruins de muito sofrimento, mas que não é como o inferno como imaginamos, pois não é eterno e quem lá está, com o tempo, mudando suas intenções, certamente Deus lhe dará uma nova oportunidade. Gostei. Isso é o correto. Estou gostando deste livro.

E Selma, lendo mais algumas páginas do romance, descobre um mundo todo novo, uma doutrina que dá muita esperança, onde todos sempre terão novas chances, novas oportunidades de evoluírem e serem felizes.

– Diz também que possuímos uma aura que nos envolve e que é de origem eletromagnética, originada pelo campo magnético de nossos corpos, de nosso Espírito e de nosso perispírito e que age como um escudo a nos proteger das vibrações inferiores, como os sentimentos nocivos da inveja, do ciúme, da vingança, do ódio que estão ao nosso redor e que podem nos fazer muito mal. E que se esses sentimentos inferiores partirem de nós, uma brecha se abre nessa aura e esse sentimento se intensifica, pois atraímos os mesmos tipos de vibrações que se encontram ao nosso redor, oriundos das outras pessoas ou de Espíritos desencarnados, pois o pensamento é energia. Fala que a maioria de nossas doenças têm causa primeira nesses tipos de sentimentos e que, prejudicando o nosso perispírito, acaba refletindo-se no corpo de carne através de males físicos. E que os males físicos oriundos de maus pensamentos e ações atingem o nosso perispírito também e que quando desencarnamos levamos muitos desses males para o Além em nosso corpo perispiritual. Fala da função do passe, ministrado nos Centros Espíritas, que têm a finalidade de reequilibrar a nossa aura. Os Espíritos Superiores, através de médiuns, que deve ser o caso de dona Ruth, fazem com que energias sublimes, em forma de abençoadas luzes, juntamente com energias mais animalizadas do médium, sejam doadas para a pessoa necessitada, sendo por elas absorvidas através de centros de força e que têm a finalidade de reequilibrar as suas auras, dando-lhes um novo ânimo. Mas diz que somente esse passe não vai resolver o problema da pessoa necessitada se ela não procurar modificar a sua maneira de agir e pensar, dentro dos ensinamentos de Jesus. Que o passe é apenas para aliviar e dar forças para que as pessoas tenham condições de se modificarem.

Selma continua a ler por mais algum tempo até que o sono faz com que se recolha. Faz uma prece de agradecimento a Deus por ter sido mais uma vez auxiliada e pede por todas aquelas mulheres que, apesar da desregrada vida que levam para poderem manter-se, percebe possuírem muita bondade em seus corações. Parece, inclusive, conhecê-las de há muito tempo. E, assim, adormece tranqüilamente.

XXI

São seis horas da manhã quando Selma acorda sobressaltada, com as vozes das mulheres que, sentadas à mesa da sala, juntam o dinheiro que conseguiram ganhar na noite anterior.

– Só isso, Verê? – pergunta Dália. – Você se vendeu por muito pouco ou foi trapaceada por algum pilantra?

– Não, Dália. Esta noite fui eu quem pagou o "pedágio".

– Foi o Belo?

– Foi.

– Patife!

– O que faremos, Dália? – pergunta Lia – Cada dia está mais difícil. Tudo o que ganhamos temos que dividir com esses "caras".

– Infelizmente, nada podemos fazer. Eles nos dão a proteção.

– E quem vai nos proteger deles?

– Já disse que nada podemos fazer. Já sabem o que acontece com aquela que tenta enganá-los.

– Eu sei.

– Por que será que a Kátia ainda não chegou? – pergunta Rosa, preocupada.

– Deve ter ido longe – responde Lia, na tentativa de colocar uma explicação feliz pela demora da amiga.

– Bom dia – cumprimenta Selma, levantando-se da cama – Desculpem-me ter acordado somente agora. Estava muito cansada. Vou fazer um café para vocês.

– Bom dia, Selma. Tudo bem?

– Tudo bem – responde.

– Por favor, Selma – pede Dália –, faça um chá. É o que tem naquele armário. O café acabou ontem. Mais tarde vou comprar um pacote.

– Será que não dá para comprar uma carne, hoje? – pergunta Verê – Já faz uma semana que não comemos um bife. E carne tem proteína.

– Só se alguém se dispuser a ir comprar num outro açougue. O Zé da esquina não vai nos vender nem um pedaço de tripa se não pagarmos o que lhe estamos devendo do mês passado.

– Eu vou comprar em outro lugar.

– Tudo bem. Vamos, então, fazer um banquete de primeira com uma carne de terceira para comemorarmos a chegada da Selma.

– Não se preocupem comigo – pede a moça um pouco sem jeito, vendo a dificuldade por que aquelas mulheres passam e considerando-se um peso a mais para elas.

– Nós é quem pedimos para que não se preocupe com nada, Selma, principalmente com esta conversa que você está ouvindo a respeito de dificuldades financeiras. Sempre as tivemos e estamos vivas, não? E pode ter certeza de que estamos muito felizes com você aqui entre nós.

– Muito obrigada e fiquem certas de que vou procurar um emprego para ajudar nas despesas.

– Você vai trabalhar nesse estado? Quem vai lhe dar emprego com dois meses de gravidez?

– Vou tentar – responde a moça – Alguma coisa vou acabar arrumando.

– Você é quem sabe, Selma, mas não deve se preocupar com isso.

Nesse momento a porta se abre e Kátia entra na casa passando pelas companheiras sem nada dizer e dirigindo-se até o banheiro.

– O que aconteceu, Kátia? Por que se atrasou tanto?

A moça não responde.

– Kátia! – chama Rosa, indo atrás dela. – O que aconteceu? Oh, meu Deus, você está ferida! Meninas! Venham até aqui! Kátia está sangrando!

As moças correm até o banheiro.

– O que aconteceu?

– É só um pequeno ferimento na testa – informa Rosa – Vamos lavá-lo, Kátia. Alguém pegue o vidro de antisséptico.

Rosa, então, lava a testa da moça e aplica-lhe o remédio.

– Venha, querida. Sente-se aqui e conte-nos o que aconteceu.

– Foi um soco. Por sorte pegou na testa e não no meu queixo. O homem usava um grande anel. Por isso cortou-me um pouco. Mas estou bem.

– Mas por que bateu em você?

– Fui muito estúpida. Ele queria pagar-me só a metade do combinado e caí na besteira de discutir com ele.

– Já lhe disse mil vezes, Kátia: não discuta. Não adianta nada e você corre o risco de apanhar. Nesta nossa profissão, se é que isso pode ser chamado de profissão, temos que aceitar as coisas como elas são. Você está nessa vida há algum tempo. Já devia ter aprendido.

– Mas não me conformo! – grita a moça, desabafando toda a sua revolta. – Por que temos que levar essa vida?! Por quê?! Por quê?!

As moças abaixam a cabeça e ficam em silêncio, os olhos marejados com contidas lágrimas. Selma está impressionada com tudo aquilo e arrisca uma pergunta:

– Por que não abandonam isso?

Todas olham para ela.

– Por que não abandonam essa vida? – torna a perguntar.

– Você é muito ingênua ainda, querida – responde Dália, ternamente e passando a mão por sob o queixo dela, num gesto de carinho – Entrar nessa vida é muito fácil, Selma, porque a fome é tamanha que uma pessoa é capaz de fazer qualquer coisa por um prato de comida. Agora, sair é muito difícil. É quase impossível.

– Por que impossível? – insiste.

– Como poderíamos abandonar essa nossa profissão sem arrumarmos um outro tipo de trabalho primeiro? E quando faríamos isso? Trabalhamos a noite toda e quando retornamos, só queremos uma boa cama para descansar e prepararmo-nos para uma nova batalha logo à noite. Além do mais, somos todas ignorantes. Não conhecemos nada, não sabemos fazer nada. Nunca tivemos estudo, nunca entramos em lugar algum a não ser em nossas míseras moradias e, agora, esta em que estamos. Nossa vida sempre foi a rua. Ainda temos sorte de termos esta casa para morar e estarmos todas juntas. Esqueça isso, Selma.

– E se eu tentasse arrumar um emprego para cada uma de vocês? Tenho tempo.

– É muito difícil, Selma.

– Sei que é difícil, mas não é impossível, além do que estarão tentando e, se nunca conseguirem, pelo menos terão sempre uma esperança para sustentá-las. Penso também, que se pedirmos auxílio a Deus, Ele certamente nos auxiliará.

– Não perca seu tempo, Selma – diz Verê, desanimada.

– Também penso assim – comenta Lia, por sua vez.

– Nenhuma de nós tem essa esperança, não – afirma Kátia.

Rosa, que até aquele momento mantivera-se em silêncio, num gesto repentino bate com a mão na mesa, quase gritando:

– Mas precisam! Precisam!

– Rosa! – exclama Dália ao ver a autoridade com que a mulher grita e impressionada com as lágrimas que lhe brotam dos olhos.

– Precisam! Ou querem acabar como eu?!

– Como acabar como você? – pergunta Mônica, tentando disfarçar uma realidade.

– Como acabar como eu?! Olhem para mim! Pareço uma coisa, um monte de ossos revestidos com uma carne que não se adapta mais. Estou um traste. E como pensam que fiquei assim? Só porque sou a mais velha? Eu sou mais velha que vocês, sim, mas qualquer mulher de minha idade está muito longe ainda de ter esta minha aparência. Olhem bem para mim e verão o futuro de todas vocês. O futuro de cada uma. Um futuro muito próximo. E sabem o que é isso? Não é bebida, nem drogas, nem doenças. É o desgaste mental que nos faz ficarmos assim, que nos transforma, que nos envelhece, que nos seca até a alma. É o desgaste que atinge o nosso organismo por termos que fazer o que fazemos com qualquer um, de maneira forçada, sem querermos, sem desejarmos, tendo que agüentar as piores criaturas, muitas vezes sufocando o vômito que insiste em colocar para fora toda a nossa revolta e tudo isso somente porque temos que ganhar dinheiro, sujeitando-nos aos nojentos caprichos de criaturas que nos usam como se fôssemos animais. Foi a falta de sentimento que me fez ficar assim e que vai fazer o mesmo com todas vocês. Uma vida que não nos dá o direito de termos os nossos próprios filhos porque senão morreríamos de fome e temos, então, que sufocar todo esse amor nos abortos que nos devoram as consciências. Somos criminosas! Somos assassinas! Somos o lixo do mundo! – grita, chorando copiosamente – Eu matei! Eu matei o meu próprio filho! Sou um monstro e é nisso que vocês todas irão se transformar.

– Pobre Rosa, acalme-se – pede Dália, enlaçando-a pelos ombros – Não se martirize desse jeito. Passado é passado. Pense no futuro que é o que mais interessa a todas nós. O passado só nos serve como uma lição, para mais nada, e esse seu sofrimento vem comprovar que está aprendendo a lição. Vamos, minha amiga, não pense mais nisso. Você poderá fazer muito pelo filho de Selma. É assim que devemos caminhar. Sempre para a frente.

Selma está impressionada com tudo o que ouve e, principalmente, com as lágrimas que vê nos olhos de todas aquelas mulheres tão duramente castigadas pela vida.

– Não gosto que toquem nesse assunto triste. Não gosto de ficar triste – sussurra Verê – Já faz tanto tempo e ainda sinto enorme saudade de minha mãe. Gostaria tanto de voltar para casa. Abraçar minha mãezinha, sentir-lhe as mãos calejadas acariciando o meu rosto, os meus cabelos. Se pudesse voltar... Não me importaria nem um pouco com a fome. Bastaria beijar o rosto de minha mãe que nem sei se ainda está viva. Faz tanto tempo...

– Onde está sua mãe? – pergunta Selma.

– Morávamos no norte, eu e minha mãe. Meu pai morreu quando eu era bebê ainda. Nem cheguei a conhecê-lo. Irmãos não tive. Vivíamos à custa de uma pequena plantação de mandioca, mas a seca era tanta, a fome era tamanha que mamãe entregou-me a uns retirantes e vim parar aqui. Depois fugi ainda menina por causa dos maus tratos que recebia, da fúria de meu padrinho, sempre embriagado. Oh, minha mãe, onde você está? Penso que já deve ter morrido.

* * *

– Veja, Célio, quanto auxílio está sendo proporcionado pelo Alto a essas pobres mulheres. Quantas bênçãos em forma de luzes multicoloridas estão descendo sobre elas, abrindo os seus corações.

– E tudo isso, Amália, fruto das vibrações de Rosa, através de seu arrependimento, apesar de sua aparente revolta. Algo muito bom está desabrochando em seu coração. Quando os sentimentos voltam-se para o Bem, facilita o trabalho dos mentores espirituais de quem os emite. Rosa, dessa maneira, conseguiu captar a intuição de sua genitora, falando com muita convicção às suas companheiras, na tentativa de convencê-las a abandonar essa vida.

– Repare que da mesma maneira que na cadeia, até os Espíritos infelizes que aqui estavam presentes, dada a prática dessas mulheres, não agüentaram tanta luz, tanta vibração e afastaram-se, levando consigo um pouco desta elevada vibração. Realmente, as boas vibrações, o arrependimento e o firme propósito de modificação íntima, são os grandes remédios para todos os males.

– Agora vou influenciar Lia para que se interesse pelo livro que Selma estava lendo.

– Será que conseguirá?

– Tudo conseguimos quando é para o Bem, Amália. É evidente que, muitas vezes, encontramos uma certa repulsão aos nossos conselhos, por isso, precisamos trabalhar no momento mais propício para isso. E é o que

pretendo fazer. Venha. Vamos nos aproximar de Lia que é a mais receptiva. Temos que influenciá-la.

Nesse momento, sob a sugestão mediúnica de Célio, Lia olha para o livro que se encontra nos pés da cama de Selma.

– O que está lendo aí, Selma?

– Ganhei este livro do delegado. É um romance.

– Ganhou do delegado?

– Hum, o que fez para conquistar a simpatia daquele homem?

– Não fiz nada, não. Apenas disse-lhe que não tinha nada com aquela história de acobertar foragidos e ele parece que acreditou em mim. E deu-me este livro. É um romance espírita.

– Um romance espírita? Por que será que o doutor Márcio deu-lhe esse livro? – pergunta Mônica.

– Disse que ia me ajudar muito.

– Sei muito pouco a respeito dessa religião – diz Dália – mas admiro muito o trabalho que os espíritas realizam. Possuem muitas obras assistenciais. Nós mesmas, já chegamos a ir buscar cesta básica de alimentos num Centro Espírita. Lembra-se, Verê? •

– Lembro-me, sim, e nos ajudou muito.

– É aquela religião que fala em reencarnação? – pergunta Mônica.

– É isso mesmo.

– Já ouvi falar, mas não tenho a mínima idéia sobre o assunto – diz Lia.

– Vocês querem que eu explique? Já li um capítulo do romance que trata disso.

As mulheres concordam em ouvir, envolvidas que se encontram nesse momento por Espíritos protetores.

Selma explica, então, o porquê de os Espíritos reencarnarem, da maneira como havia lido e da maneira como Célio havia lhe explicado durante o seu desprendimento através do sono. Suas palavras, além de explicar o que leu sobre o assunto no romance, acabam revestindo-se do exemplo que lhe foi dado na ocasião, apesar de não se recordar do que lhe ocorrera. Falava com grande propriedade, parecendo já ter algum conhecimento a respeito.

– Quer dizer que não existe essa história de Céu e inferno? – pergunta Verê, depois da explicação de Selma.

– Não, mesmo porque seria uma grande injustiça por parte de Deus que é justo e bom. É o caso dos dois bebês de que o romance fala: um nasce e morre logo depois do nascimento e o outro continua vivo. O que morreu logo depois de ter nascido, de acordo com essa teoria de Céu e inferno, vai para o Céu porque não tem pecados. Vamos supor agora, que o outro que continuou vivo, transforma-se em um bandido, um assassino e, também por essa teoria, vai para o inferno eterno. Fosse assim, Deus teria sido injusto porque permitiu que um morresse antes de ter a oportunidade de ser bom ou mau e, nesse caso, premiado com o Céu. Por que Deus não proporcionou igual destino ao outro que continuou vivo e que, pelos seus atos, acabou sendo condenado ao inferno eterno? Além do mais, como diz aqui no livro, como uma mãe que foi para o Céu poderia ser feliz com um filho sofrendo eternamente no inferno, sem nada poder fazer para ajudá-lo? Se uma mãe ou um pai que são infinitamente inferiores a Deus são capazes de perdoar um filho e dar-lhe novas chances, por que Deus não faria o mesmo? Como vimos, a reencarnação é a chance que o Espírito encarnado tem de transformar o ódio em amor e aprender com suas próprias falhas.

– Aí não fala de Centros Espíritas? Gostaria de saber o que fazem lá.

– No livro consta que muitos Espíritos que se localizam no umbral...

– Umbral?

– Sim, umbral. Umbral é um lugar de muito sofrimento, de muita revolta, sentimentos de ódio e vingança, quase que um inferno para os que lá habitam.

– Como um inferno...?

– Sim, como um inferno do qual ouvimos falar, apenas com a diferença que é um local de sofrimento temporário, ou seja, um Espírito que para lá é atraído, pode, com passar do tempo, ser socorrido e levado para outros lugares como as colônias de socorro, onde podem ser efetivamente tratados, bastando que modifique as suas intenções e solicite sinceras chances de recuperar-se no Bem. Mas como estava dizendo, muitos Espíritos que habitam esses locais não conseguem, muitas vezes, ver e nem ouvir os Espíritos Superiores que querem auxiliá-los. Estes, então, através de intuições mentais, conseguem levá-los até um Centro Espírita para que possam se comunicar através de médiuns e, conversando com o dirigente encarnado da reunião, consigam perceber a situação em que se encontram e muitas vezes com o auxílio das energias mais animalizadas ou grosseiras desses médiuns possam visualizar os Espíritos que querem auxiliá-los. Da mesma forma, muitos Espíritos desencarnados não percebem sua situação e permanecem junto a pessoas que amam ou que odeiam, nesse caso, tentando vingar-se delas, fazendo-as sofrerem. Na verdade não percebem que já não possuem mais um corpo material porque vivem como que num estado sonambúlico, como se estivessem sonhando. Alguns outros já compreendem que se encontram desencarnados, mas ou não se conformam e continuam ao lado de pessoas que amam ou tentando vingar-se das que odeiam, nesse caso, conscientemente.

– Realmente, pelo que você nos explicou, a reencarnação é a única maneira de entender o porquê das diferenças sociais entre os homens. O porquê de muitos sofrerem tanto enquanto outros quase nada sofrem.

– Isso quer dizer que o que estamos sofrendo hoje, são conseqüências de nossos atos praticados em outras encarnações.

– Nem sempre – explica Selma – Aqui diz que, muitas

vezes, Espíritos para aqui vêm como sofredores, para ensinar através do exemplo que dão em seus atos e suas ações.

– Ouvi dizer que muitos Espíritos vivem ao nosso lado, uns nos auxiliando e outros tentando nos prejudicar. Estes últimos seriam nossos inimigos do passado?

– É o que explica este romance e diz que devemos tomar o máximo de cuidado. Que devemos policiar os nossos pensamentos porque os pensamentos inferiores são uma porta aberta para esses Espíritos obsessores. Aliás, por tudo isso que li, acho que já é tempo de fazermos algum tipo de oração, pelo menos uma vez por dia. O que acham? Diz aqui que é pedindo que se recebe. Vocês não gostariam de mudar de vida? Por que não rezam e pedem a Deus que as ajude?

– Tudo bem. Vamos orar, então – diz Dália – Vamos pedir a Deus que nos ajude a todas para que possamos arrumar um trabalho mais decente e sairmos desta nossa vida sofrida.

XXII

– Desculpe-me a indiscrição, dona Helena, mas a senhora já praticou um aborto intencional?

– Como o senhor sabe? – pergunta a mulher, impressionada com a tranqüilidade com que aquele homem, médium de cura de um Centro Espírita, lhe fala a respeito de um assunto de que somente ela tem conhecimento e que nem seu marido desconfia. Sente um estremecimento e um pouco de medo.

– Não tenha nenhum receio, dona Helena. Este assunto ficará exclusivamente entre nós, mas se a senhora quiser realmente ser auxiliada, terá que dizer-me a verdade, pois terei que explicar-lhe algumas coisas.

– Foi há muitos anos, seu Cláudio. Eu era muito jovem, já era casada, mas não desejava ainda ter filhos. Procurei, então, uma senhora que provocou esse aborto do qual me arrependo até hoje, porque nunca mais consegui engravidar.

– E quanto tempo faz que a senhora tem esse pesadelo?

– Há muitos anos. Sonho com uma estrada muito bonita, bastante florida e nela caminha uma menina, de costas para mim. Quando tento alcançá-la, ela se afasta rapidamente, olhando-me por sobre os ombros. E está sempre chorando. Em seguida, vejo-me dentro de algo que me parece ser um organismo cheio de um líquido avermelhado, pulsante e um fino tubo que tenta me alcançar. É horrível. Alguns dias atrás, li um livro sobre Espiritismo, psicografado por Francisco Cândido Xavier, o Chico Xavier. Era sobre a história de um Espírito de nome André Luiz que explicava a reencarnação, a vida além da morte e, sinceramente, passei a crer na Doutrina Espírita. Li mais alguns e acabei chegando à conclusão de que essa visão que tenho em sonho tem alguma coisa a ver com esse aborto que pratiquei e, por esse motivo, estou procurando o senhor. Gostaria que me dissesse o que devo fazer. Gostaria muito de ter uma oportunidade de resgatar esse mal que cometi a esse Espírito com o qual eu deveria assumir a maternidade.

Essas últimas palavras, dona Helena as profere em lágrimas.

– Realmente a senhora tem razão em acreditar que seu sonho tenha algo a ver com esse aborto, mas Deus, diante desse seu propósito de reparar o que fez, certamente, através de Seus emissários, a auxiliará e muito.

– É o Espírito dessa criança que me persegue em sonho, seu Cláudio?

– Não, minha filha. Essa criança que a senhora

abortou já reencarnou há algum tempo. Pelo menos, é o que um Espírito aqui presente está me dizendo. O que está acontecendo com a senhora é que um Espírito que tinha profunda ligação com essa criança, e mesmo com a senhora, ainda não a perdoou e durante o sono, em seu desprendimento como Espírito... a senhora já deve ter lido a respeito da emancipação da alma durante o sono...

– Sim. Já li. Por isso estou aqui, também.

– Pois bem. Acontece que a senhora, durante essa emancipação, encontra-se com esse Espírito que, por intermédio de sua própria consciência pesada, faz com que veja esses quadros, a fim de torturá-la.

– E quem é esse Espírito? O que devo fazer para ser perdoada por ele?

– Nós vamos pedir aos Benfeitores amigos que o auxiliem, trazendo-o até este Centro Espírita, para que possamos conversar com ele e encaminhá-lo através de uma nova senda de amor e felicidade. Tenho certeza de que teremos êxito.

– E quanto a essa criança? Gostaria muito de saber quem é na atualidade para que eu possa ajudá-la de alguma forma.

– Isso não será possível, dona Helena. Dificilmente teríamos a informação do paradeiro desse Espírito.

– E o que devo fazer, então?

– A senhora, pelo que me disse, é uma mulher de muitas posses.

– Sou, seu Cláudio. Sou muito rica.

– Pois então, utilize parte dessa sua riqueza no auxílio a necessitados. Quando fazemos o Bem, atraímos Espíritos bondosos para o nosso convívio. Tenha certeza de que isso em muito a auxiliará.

– E que tipo de necessitados?

– A senhora é quem deverá resolver.

Nesse momento, entidade de muita luz aproxima-se da mulher e a envolve com suas luzes e com seus pensamentos, através da intuição.

– Bem, seu Cláudio, penso que devo direcionar esse meu auxílio em benefício de pessoas do sexo feminino. Quem sabe, não terei a felicidade de estar auxiliando aquela que seria minha filha?

– Bem pensado, dona Helena.

– E penso que deva ser em favor das mulheres mais sofridas e carentes.

– Correto.

– Talvez...mães solteiras...prostitutas...é isso, seu Cláudio. Vou direcionar todos os meus esforços no auxílio das prostitutas, daquelas que tanto sofrem com essa atividade a que se viram obrigadas a abraçar. Vou fazer um trabalho de tirá-las da rua, dando-lhes um emprego decente.

– E quanto às mães solteiras?

– Verei o que posso fazer, seu Cláudio. Penso que não adianta muito ficar fazendo planos. Vou começar e a prática, com a ajuda de Deus, de Jesus e dos Espíritos, deverá mostrar-me o caminho a percorrer.

– Que Deus a abençoe, dona Helena, e que seu trabalho seja coroado de muito sucesso.

– Deus lhe pague, seu Cláudio. Deus lhe pague.

Helena, então, mais confiante e, agora, com enorme vontade de trabalhar no serviço em favor do próximo, despede-se do médium Cláudio que lhe diz, à saída:

– Dona Helena, daqui a alguns minutos terá efeito uma belíssima palestra que será proferida por um dos trabalhadores do Centro sobre a figura e o trabalho de Allan Kardec, o codificador da Doutrina Espírita e, logo em seguida, um trabalho de passes, onde a senhora, certamente, assimilará novas energias. Se quiser ficar...

– Ficarei sim, seu Cláudio. Muito obrigada.

Helena, então, sai da sala de Cláudio, que é onde ele atende no Centro e dirige-se ao auditório. É iniciada, então, a palestra a que se referiu o médium e, logo após, o passe. Na saída, Helena, vê que o médium conversa com algumas pessoas e não pode deixar de ouvir as últimas palavras de um homem que pede explicações a ele sobre o "lado de lá". E, bastante interessada, aproxima-se e fica a ouvir. Diz o médium Cláudio:

– Vou tentar explicar, de uma maneira bem simples, porque, como já disse, é um assunto para ser bastante estudado. Em primeiro lugar, você deve entender que a verdadeira vida é a espiritual e que este nosso mundo em que vivemos, é apenas um plano com uma determinada vibração, diferente da dos outros planos da verdadeira vida.

– Mas como é essa vida espiritual? Ela pode ser tocada e sentida? Não sei se me entende...

– Entendo o que você quer saber. André Luiz nos ensina que tudo o que existe no Universo é formado pelo fluido cósmico, também chamado de fluido universal, que é o elemento primordial. Diz ele, no livro *Evolução em Dois Mundos*, que o fluido cósmico é o plasma divino, hausto do Criador ou força nervosa do Todo-Sábio e que nesse elemento vibram e vivem constelações e sóis, mundos e seres, como se fossem peixes no oceano.

– Fluido universal?

– Sim e que, na verdade, nada mais é do que energia.

– Isso quer dizer que tudo o que existe é energia?

– Isso mesmo. André Luiz nos ensina também, que toda matéria, nada mais é do que energia tornada visível.

– Quer dizer que os átomos e, por conseguinte, seus elétrons, prótons e nêutrons, são constituídos por esse fluido cósmico ou universal?

– Exatamente. E nós, espíritos encarnados na Terra, estamos localizados e vibrando na faixa vibratória deste planeta e vemos e podemos tocar somente os objetos, coisas e pessoas que também estejam nessa mesma faixa vibratória. Um Espírito desencarnado, por exemplo, vai ver e poder tocar outros objetos, outras coisas e outros espíritos que estiverem nessa sua outra faixa vibratória.

– Seriam dimensões diferentes?

– Você pode dar esse nome. E, mesmo no plano espiritual, existem diversas faixas vibratórias, de acordo com a evolução do Espírito que a habita. Quando um Espírito reencarna, ele, simplesmente, nasce neste nosso mundo, vestindo um corpo mais denso que o seu perispírito.

– Perispírito?

– Sim. Perispírito é o que une o Espírito ao corpo e, assim como o corpo, é constituído pelo fluido universal, só que, como já vimos, em faixas vibratórias diferentes. Mas é apenas um outro corpo, tanto que é, também, denominado quando desencarnado, de corpo espiritual, mas, para facilitar, vamos continuar chamando-o de perispírito. Eu disse que é apenas um outro corpo, porque o intelecto é do Espírito. E esse perispírito varia, também, no que diz respeito à sua faixa vibratória, de acordo com o plano que habita, haja vista, a existência de vários planos no mundo espiritual. E, quando um Espírito desencarna, no momento da morte do corpo, ele continua a possuir esse perispírito a lhe envolver, géralmente mantendo a forma do corpo que possuía, ou, então, plasmado de maneira diferente, de acordo com a índole boa ou má do Espírito.

– E quando um Espírito reencarna?

– Há um processo todo especial e vocês poderão aprender quando lerem o livro *Missionários da Luz*, do Espírito André Luiz.

– E o "lado de lá"? – insiste Alfredo.

– Existe uma cidade chamada "Nosso Lar", não é? – pergunta Isabel.

– Sim. Essa cidade é a que André Luiz nos descreve no livro do mesmo nome, "Nosso Lar", que indiquei para lerem, mas existem muitos outros locais, cujas estruturas organizacionais dependem da vibração mental e moral de seus habitantes. Existem, também, locais de socorro aos desencarnados. Estes são socorridos após o desencarne e, depois de assistidos, tanto no campo da saúde de seus corpos espirituais ou perispíritos, como no campo mental de seus pensamentos, idéias e sentimentos, são encaminhados para outras localizações, a fim de trabalharem no bem de seus semelhantes, tanto desencarnados, como encarnados. Ah, estava esquecendo-me. Vocês encontrarão no livro *Cidade no Além*, desenhos e planta baixa dessa cidade, denominada "Nosso Lar" e de algumas de suas edificações.

– E quem as desenhou?

– Foi uma médium, a senhora Heigorina Cunha que, guiada pelo Espírito Lúcius, durante o sono do corpo físico, visitou-a diversas vezes e, retornando, procurou desenhá-las, da maneira como se lembrava e, o mais importante, é que esses desenhos e plantas foram confirmados pelo médium Francisco Cândido Xavier que foi quem psicografou as obras do Espírito André Luiz.

– Dona Heigorina visitou essa cidade durante o sono? – pergunta Otávio.

– Sim, meu amigo. Durante o sono físico, nós, Espíritos que somos, libertamo-nos temporariamente de nosso corpo físico e entramos em contato com o mundo espiritual, onde podemos entrar em comunhão com boas e bem intencionadas entidades ou com más e mal intencionadas entidades, dependendo de nossa índole e intenções.

– E por que não nos lembramos?

– Porque, nesse momento, encontramo-nos parcialmente desligados do corpo, possuindo, apenas, um fio de luz que nos mantém presos a ele. Agora, muitas vezes, trazemos alguma lembrança dessa nossa viagem espiritual, através de idéias ou sonhos que nos surgem ou mesmo de cenas e lembranças um pouco confusas, mas que, quase sempre norteiam os nossos passos para o bem ou, como já disse, para o mal. Por isso, é muito importante uma oração antes de dormirmos, solicitando o amparo dos Espíritos bons e amigos. Agora, existem casos de pessoas que se lembram perfeitamente do que viveram, em Espírito, durante o sono. É o caso de nossa médium Heigorina Cunha.

– Mas, nessa cidade, os Espíritos podem se tocar e existem casas com paredes, como aqui? – pergunta Alfredo, entusiasmado.

– Sim, meu amigo, na verdade, os Espíritos tocam-se e essa cidade é muito melhor e mais adiantada que as nossas, já que, como já disse, o nosso plano é uma cópia do "lado de lá". E vivem em família, como aqui, onde estudam, trabalham, possuem casas para morar, roupas, alimentos.

– Não acredito...

– Pois pode acreditar.

– Oh, desculpe-me, foi apenas uma maneira de expressar a minha estupefação.

– Não precisa ficar estupefato. Veja bem: a vida não termina com a morte, certo?

– Sim.

– Você deve concordar também, que nós não temos condições de, assim que desencarnarmos, virarmos criaturas angelicais, correto? A morte do corpo físico não opera milagres e continuamos a ser o que sempre fomos e, enquanto não tivermos condições de galgar mundos superiores, não podemos ficar sem o nosso prato de comida e uma roupa a nos cobrir. Portanto, o trabalho é muito intenso nesse plano, existindo serviço para todos. Não se esqueça, meu irmão, que a vida não dá saltos e precisamos ter muita paciência e abnegação nessa nossa caminhada evolutiva e que os Amigos Espirituais estão nos auxiliando sempre, em todos os lances desse nosso trajeto. Aliás, gostaria de falar-lhe alguma coisa também a respeito da prece. Os Espíritos Superiores nos ensinam que devemos ter a humildade de pedir auxílio quando realmente necessitados e, para isso, temos um canal de comunicação que se chama prece, cujo meio de irradiação se opera através do fluido universal, assim como as ondas sonoras se propagam através do ar. Dizem-nos mais: a prece sincera sempre encontrará um coração amigo que virá em nosso socorro, o qual devemos saber detectar, pois o que pode nos parecer ruim, hoje, pela nossa estreita compreensão, sem dúvida alguma, significa o melhor para a nossa evolução espiritual. Com o tempo, Alfredo, muito irá aprender.

Helena afasta-se, então bastante satisfeita com tudo o que lhe ocorrera naquela noite.

XXIII

– Vai sair, Selma? – pergunta Rosa, abrindo os olhos. Todas as outras moças estão dormindo ainda. São sete horas da manhã e já faz três dias que a moça encontra-se hospedada naquela casa

– Fiz um chá para vocês, Rosa, e já cozinhei o feijão.

– Você levantou cedo, então. Aonde vai?

– Certa feita vi uma agência de empregos e vou verificar como é que funciona.

– Agência de empregos? Você está levando mesmo a sério aquela história de arrumar emprego para todas nós?

– Estou, sim.

– Bem, Selma, se você quer tentar..., mas sinceramente, não creio que iremos conseguir.

– Nós não fizemos uma prece ontem pedindo ajuda a Deus?

– Sim, fizemos.

– Pois, então. Não adianta pedirmos emprego a Deus se não fizermos nada para encontrá-lo. Se não tentarmos, como é que Ele irá nos ajudar? Você não acredita que Ele irá fazer alguém bater à nossa porta nos oferecendo, não é?

– Você tem razão, – diz a mulher – e você tem muita fé também.

– Tenho, sim, e vou à luta.

– Então, boa sorte e que Deus a acompanhe.

– Obrigada, Rosa.

Dizendo isso, Selma sai e caminha por mais de cinqüenta minutos pelas movimentadas ruas da cidade até onde se localiza a agência de empregos. Está fechada ainda. Senta-se num banco de uma praça e fica aguardando. Passam-se mais vinte minutos e alguém abre a porta da agência. Selma sente um certo nervosismo, mas caminha confiante.

– Bom dia, meu senhor - cumprimenta Selma, entrando na agência.

– Bom dia, moça - responde um rapaz, amavelmente - Em que posso ajudá-la?

– Gostaria de saber como é que funciona esta agência de empregos.

– É muito simples. Nós cobramos uma taxa de inscrição e a senhora preenche um currículo. Basta preencher os claros. Na verdade, são vinte e três perguntas a serem respondidas e é evidente que se houver um chamado, todas essas informações serão devidamente checadas. Por esse motivo, as informações devem ser corretas. A senhora quer se inscrever?

– Bem... não é para mim. São para algumas amigas minhas e gostaria, se fosse possível, de levar um desses impressos para mostrar a elas, antes da inscrição.

– Não sei, moça, é contra o regulamento. Primeiro tem que ser paga a taxa de inscrição. Somente depois é que a ficha é entregue para ser preenchida.

– Se é assim, o senhor me desculpe pelo incômodo e muito obrigada pela atenção – diz Selma, começando a abandonar o local, no que é impedida pelo moço.

– Espere um pouco. Você me pareceu uma pessoa muito honesta. Vou lhe dar um destes impressos para que examine. Se suas amigas quiserem fazer a inscrição, a senhora me devolve depois.

– Muito obrigada, meu senhor. Muito obrigada – diz, bastante agradecida, apanhando o papel – E há necessidade de algum documento?

– Oh, sim. Precisarão trazer para mim, uma foto do rosto, carteira profissional, atestado de bons antecedentes, certidão negativa de passagem pela polícia, diplomas, se tiverem e, se possível, uma carta de apresentação do último empregador.

– Certidão negativa de passagem pela polícia?

– Sim. A polícia, em seu setor competente, deverá

dizer se suas amigas nunca tiveram alguma ocorrência policial. Isso é muito importante, pois dificilmente conseguirão um emprego se, por exemplo, foram presas por algum motivo.

Selma abaixa a cabeça, visivelmente preocupada, pois sabe que todas aquelas moças já tiveram mais de uma prisão por prostituição. Ela mesma fora presa, apesar de que fora detida apenas para averiguações. Agradece a atenção do funcionário da agência de empregos, despedindo-se e voltando para a movimentada rua da cidade grande. Carrega consigo uma pequena bolsa a tiracolo com todos os seus documentos e alguns trocados que ainda lhe sobraram.

– Será mesmo tão difícil minhas amigas arrumarem um emprego? – pensa, enquanto caminha. – Mas Deus é bom e não se negará a ajudá-las. E Adauto? O que será que estará pensando neste momento? E Áurea, sua filha? Será que ele ficou muito bravo com ela? Afinal de contas, deverá estar culpando-a pelo meu desaparecimento. Mas foi melhor assim. Não poderia mesmo dar certo.

E continua a caminhar sem rumo olhando para todos os lados na tentativa de, talvez, ver alguma placa que as lojas muitas vezes colocam anunciando a necessidade de moças para trabalhar, quando o inesperado acontece. Um garoto, de cerca de uns nove anos de idade, maltrapilho e sujo, passa correndo por ela, arrancando violentamente sua bolsa, e saindo em desabalada carreira.

– Menino! Volte aqui! Devolva a minha bolsa! – grita,

desesperada, pondo-se a correr em seu encalço, mas o menino é muito mais veloz, ziguezagueando por entre as centenas de transeuntes que naquela hora da manhã já ocupam todo o centro da cidade.

– Pare! – grita, ainda correndo – Pare! São só documentos! Pode ficar com o dinheiro, mas por favor, devolva-me os documentos!

Nesse momento, por azar, o garoto tropeça num cão que cruza o seu caminho e cai na calçada, esfolando a perna nua e dando tempo para que Selma o alcance e recupere a bolsa que ficara caída a alguns metros dele.

– Por que fez isso, menino?! – ralha, parando à sua frente, enquanto o garoto começa a choramingar, agora sentado e olhando para a perna machucada, o que faz com que Selma, sentindo pena, tire um lenço de dentro da bolsa. Abaixa-se e envolve o local ferido para estancar o pouco de sangue que começa a aparecer lentamente. Fora apenas uma escoriação e o menino chora baixinho, talvez como um desabafo da situação em que está vivendo. – Não precisa chorar. Foi só uma esfolada na pele – fala gentilmente, tentando acalmar o seu choro.

O menino olha surpreso para ela. Há muito tempo não ouve alguém falar com ele dessa maneira. Há muito é tratado como se fosse uma criatura nociva à sociedade, sempre enxotado quando roga alguma coisa para comer ou algo para se cobrir, já que a rua é a sua morada.

– Como é seu nome? – pergunta Selma.

– Rodrigo.

– Bonito nome, Rodrigo. Levante-se, agora. Vamos ver se consegue andar.

O garoto obedece e dá alguns passos, mancando um pouco, pois apesar de superficial o ferimento, ressente-se da pancada do joelho contra o calçamento.

– Tudo bem, Rodrigo?

– Tudo bem.

– Agora vá para sua casa e nunca mais faça o que fez. Você pode prejudicar as pessoas, roubando-as dessa maneira. Eu, por exemplo, se não recuperasse esta minha bolsa, nem poderia arranjar um emprego. Todos os meus documentos estão aqui dentro. Entendeu?

– Entendi – responde, ainda um pouco assustado.

– Então, vá para casa.

Rodrigo limita-se a olhar para ela sem nada dizer.

– O que está esperando? Já lhe disse: vá para sua casa. Vamos, mexa-se. O que foi? Por que fica me olhando dessa maneira? Perdeu a língua?

O menino olha fixamente nos olhos de Selma e responde, tristemente:

– Eu não tenho casa.

– Você não tem casa? E seus pais? Onde estão?

– Não sei.

– Como não sabe? Você deve ter um pai, uma mãe, pelo menos. Não deve ter nascido de um ovo – brinca, tentando fazer o garoto sorrir.

– Não conheço os meus pais.

– Pois eu não acredito. Você deve estar com lorota apenas para que eu fique com pena de você.

– Não estou mentindo – responde, agora amuado.

– Mas não acredito mesmo. Vamos, diga-me: onde você mora?

– Lá do outro lado – aponta com o braço, mostrando um viaduto a cerca de uns trezentos metros dali – No vão daquela ponte.

– Você mora debaixo daquela ponte? E desde quando?

– Desde que fugi da casa onde morava.

– Você me disse que não tinha casa.

– Tive. Não tenho mais.

– E por quê?

– Morei numa casa até o ano retrasado quando fugi.

– Fugiu? E quem cuidava de você na casa onde morava?

– Uma mulher.

– Não era sua mãe?

– Não. Já lhe disse que nunca vi minha mãe e nem meu pai.

– Aquela mulher adotou você, então?

– Ela nunca me disse. Ela nunca me dizia nada, a não ser que eu era um estorvo e me batia muito. Um dia resolvi fugir e vim aqui para o centro. Depois fiquei sabendo que ela morreu.

– E como faz para alimentar-se?

– Peço aqui e ali, mas é muito difícil alguém me dar alguma coisa.

– Você passa fome?

O garoto não responde. Apenas faz um balanço vertical com a cabeça e a abaixa tristemente, o que faz cortar o coração de Selma.

– Há quanto tempo não come, Rodrigo?

– Desde ontem cedo, quando me pagaram um pastel.

– Meu Deus! Venha comigo. Vou comprar-lhe um sanduíche e um copo de leite.

Selma olha para os lados a fim de localizar algum bar.

– Olhe...ali. Vamos até lá.

– Lá não – grita o garoto.

– E por que não?

– Porque não posso entrar lá. O dono proibiu.

– Proibiu?

– Eu roubei um pedaço de bolo dele.

– Oh, meu Deus – exclama a moça – Tudo bem. Vamos procurar um outro lugar. Venha.

Dizendo isso, Selma começa a caminhar e o menino a segue a uma certa distância. A algumas quadras dali, entram num estabelecimento e Rodrigo avidamente come um pão com manteiga e uma xícara de leite.

– E agora? – pensa Selma – O que faço com esse menino? Não tenho coragem de abandoná-lo, assim. Será que...?

– Obrigado, moça – diz o garoto ao terminar de comer. – Agora vou embora. Você foi muito boa comigo.

Selma limita-se a olhá-lo e somente agora percebe tratar-se de um bonito menino, cujo olhar triste a comove profundamente. Veste camisa e calças bastante puídas e rasgadas, mas o que mais a impressiona é que algo de familiar encontra-se estampado em sua fisionomia e sente estranha sensação de tristeza e de comiseração por ele. Parece conhecê-lo de há muito tempo, o mesmo acontecendo com Rodrigo. O garoto, então, sentindo imensa vontade de lhe passar a pequena mão em seu rosto, num gesto de carinho que nunca teve para com alguém, lhe diz:

– Gostaria que aceitasse este presente – diz, arrancando do pescoço, escondida pela camisa, uma correntinha de metal em cuja extremidade encontra-se presa uma pequena medalha com a efígie de alguma santa em alto relevo – Fique com ela. Não tem nenhum valor. É de lata, mas já faz algum tempo que está comigo. Gostei muito dela quando a vi pela primeira vez com um outro garoto e dele comprei com uma moeda. Fique para você. Se quiser.

Selma apanha a corrente e seus olhos lacrimejam ao ver tratar-se da santa de sua devoção. A mesma santa que a acompanhou desde criança e que muito gostara da imagem: a imagem de santa Isabel, venerada por seus devotos dentro dos preceitos religiosos do catolicismo. Olha fixamente para o garoto e percebe enorme carinho em seu olhar.

– Gostaria de conhecer o lugar onde você mora, Rodrigo.

– Por quê? – pergunta o menino.

– Não sei. Você me leva até lá?

– Venha. É perto.

Os dois caminham lado a lado. Depois de algumas quadras, atravessam um viaduto e descem por uma escada que os leva até a parte inferior. Rodrigo conduz Selma até uma das pilastras da ponte e mostra-lhe um pequeno buraco no concreto, onde percebe poder caber apenas o corpo do garoto.

– É aqui.

– Aqui?! Você dorme aqui?! – pergunta Selma, impressionada – E como faz para proteger-se do frio?

O menino entra no buraco e enfia a mão por detrás de uma cavidade no cimento, retirando dali um cobertor bastante sujo e uma pequena caixa de papelão.

– Veja – diz, abrindo a tampa da caixa e mostrando os seus poucos pertences: uma escova de dentes, um pente, um espelho de forma oval, um pião e um pequeno livro um tanto sujo, denotando ter sido bastante manuseado.

– Que livro é esse? Você sabe ler?

– Freqüentei uma escola por dois anos. Sei ler e fazer contas. Leio muito bem, sabe?

– E você lê esse livro?

– Quase todas as noites quando estou com fome. Este livro me faz sentir sono, depois de alguns momentos de leitura. Dormindo, não sinto fome.

– E você entende tudo o que está escrito aí?

– Entendo. Sou muito inteligente e conheço muitas palavras difíceis.

– Verdade? E o que diz esse livro?

– Tem uma página que diz que não devemos nos preocupar tanto com o que comeremos ou com o que beberemos no dia de amanhã porque Deus cuidará de nós. Diz assim: observai os pássaros do céu; vosso Pai Celestial os alimenta.

– Muito bonito, Rodrigo.

– Mas diz que não devemos pensar em sermos apenas como os pássaros do céu e que temos que trabalhar para o nosso sustento. Por isso estou tentando arrumar uma caixa de engraxate lá na Prefeitura. Está um pouco difícil porque eles querem que os meus pais me acompanhem até lá para se responsabilizarem por mim. Você não poderia ir até lá comigo e dizer que é minha mãe?

– Talvez eu possa, sim. Mas deixe-me ver esse livro.

Rodrigo entrega-lhe e Selma não consegue conter uma exclamação diante de mais uma estranha coincidência.

– Meu Deus! Quem lhe deu esse livro, Rodrigo?

– Foi um homem muito bom que uma vez por semana distribui sopa para as crianças que não têm o que comer. Ele só tem condições de fazer isso uma vez por semana.

– Apanhe suas coisas, Rodrigo, e venha comigo – diz Selma, numa rápida decisão.

– Para onde vamos?

– Para onde moro. Você não gostaria de morar comigo?

– Morar com você? Numa casa? Com comida? – exclama o menino, visivelmente excitado com a proposta.

– Sim. Você não quer?

O garoto não responde. Lágrimas brotam de seus

olhos e abraça Selma como se ela fosse sua própria mãe e beija-lhe a mão. As lágrimas agora não conseguem ser contidas também por Selma.

– Vamos, então – é o que consegue dizer.

Rodrigo apanha o cobertor e a caixa na qual recoloca o livro. Trata-se de *O Evangelho Segundo o Espiritismo*, de Allan Kardec, livro que retrata ensinamentos de Jesus, à luz da Doutrina Espírita.

XXIV

– Você está dizendo que quer reativar nossa antiga fábrica de tapetes de fibra?

– Sim, Melo. Como já lhe disse, quero recuperar mulheres que estão se prostituindo para poder sobreviver.

– Mas não acha um pouco arriscado colocar essa gente dentro dessa empresa?

– Não, querido. Aliás, pretendo contratar apenas aquelas mulheres que efetivamente possuem o desejo de não viverem mais na prostituição.

– Bem, Helena, você é quem sabe. O barracão e os apetrechos ainda estão lá, intactos. Eu até gostaria mesmo que aquilo fosse reativado. Afinal de contas, meus pais começaram a vida naquele artesanato e, se hoje possuo uma grande indústria, apesar de num ramo diferente, tudo começou lá.

– E você acha que poderá dar lucro?

– Não será um grande lucro, mas para o fim

assistencial a que se destina, creio que terá algum sucesso. No mínimo, dará para pagar o salário dessas mulheres e sobrará um pouco para você manter essa tal de creche que quer ajudar a ampliar.

– A única coisa que me preocupa é que não entendo nada desse tipo de trabalho artesanal.

– Não se preocupe, Helena. Falarei com um de meus empregados que chegou a trabalhar para o meu pai, quando criança. Ele sempre diz que tem muita saudade daquele tipo de serviço e que seria capaz de voltar a trabalhar nele. Ele tem um grande conhecimento a respeito e, fique tranqüila, custearei as despesas por algum tempo até que essas mulheres aprendam a trabalhar com as fibras.

– Você não faz idéia de como me alegra com sua compreensão e com seu altruísmo, querido.

– Você sabe que faço qualquer coisa para vê-la feliz e estou muito contente com essa sua decisão.

– Quando poderei começar?

– Amanhã mesmo enviarei uma equipe de operários para colocar aquilo em ordem. Será preciso fazer uma limpeza e pintar tudo de novo.

– Pois não vejo a hora de começar a convidar as mulheres. Já falei com algumas amigas e com elas formarei uma grande equipe. Ainda hoje irei procurar o senhor Cláudio, do Centro Espírita, para lhe ofertar esse nosso trabalho.

Sei que possuem muitos trabalhadores voluntários e irei lhe expor os meus planos.

– Quer dizer que você tornou-se Espírita, agora?

– Sim. Já estudei bastante a respeito e pretendo estudar ainda mais. Depois então vou tentar convencê-lo sobre essa Doutrina maravilhosa.

– Deve ser maravilhosa mesmo, Helena. Está fazendo um bem enorme a você.

Nesse momento, a empregada anuncia que o porteiro Adauto quer falar com ela.

– Adauto? Mande-o entrar.

A empregada acompanha Adauto, que denota grande abatimento.

– Precisa de alguma coisa, seu Adauto? – pergunta Helena?

– Sim. Gostaria de conversar com a senhora.

– Bem, tenho que ir – diz o marido – Boa tarde, seu Adauto. Infelizmente, meus compromissos me aguardam, mas, por favor, fique à vontade.

– Obrigado, senhor.

– Sente-se, Adauto – convida a mulher – O senhor me parece um tanto preocupado. O que aconteceu?

– Dona Helena, a senhora tem ou teve notícias de Selma?

– De Selma...? Não. Desde que me avisou por telefone de que não poderia mais vir trabalhar porque iria voltar para o norte, nunca mais ouvi falar dela.

– Disso eu sei. Fui eu mesmo quem pediu a ela para que fizesse esse telefonema.

– O senhor?

– Sim. Fui eu quem a convenceu a deixar este emprego.

– O senhor? Mas por quê?

Adauto conta, então, tudo à mulher, desde o amor que sente pela moça até os últimos acontecimentos quando sua filha Áurea lhe contou que Selma havia ido embora.

– E o senhor não tem nenhuma pista sobre ela?

– Não. Já andei por todo o bairro onde morava e ninguém a viu depois do dia em que saiu de lá.

– Meu Deus! Pobre Selma – diz Helena, abanando a cabeça em sinal de desaprovação – Ela deve ter ficado receosa de vir procurar-me. Mas não é para menos. Sempre tratei meus empregados como se fossem peças de uma máquina e não como seres humanos que são. Gostaria muito que tivesse vindo procurar-me. Hoje, com toda a certeza, eu a ajudaria.

– A senhora me parece mudada...oh, desculpe-me.

– Não precisa desculpar-se não, seu Adauto. Realmente, mudei muito em muito pouco tempo. Depois que conheci a doutrina dos Espíritos, sou uma outra pessoa e gostaria que pudesse voltar no tempo. Muita coisa teria sido diferente.

– Acredito que sempre é tempo.

– O senhor tem razão, mas o que pretende fazer para reencontrar Selma?

– Não sei mais onde procurar, dona Helena.

– E sua filha?

– Áurea, coitada, arrependeu-se muito do que fez e tem me ajudado nessa busca.

– Selma nunca lhe falou a respeito de alguém, de alguma amiga que ela poderia ter procurado?

– Ela apenas conhecia pessoas lá da vila.

– Eu sinto muito, Adauto, mas tenha fé em Deus, que ainda vai conseguir encontrá-la.

– É onde tenho me agarrado. Pobre Selma. É tão ingênua e, ainda por cima, grávida.

– Sei disso. Conheço-a muito bem.

– Bem, dona Helena, eu lhe agradeço por ter-me recebido.

– Seu Adauto, diga-me uma coisa: o senhor, por acaso não poderia fazer-me um favor? Isso se o senhor tiver um tempo disponível.

– Pode dizer, dona Helena. Se puder, terei imenso prazer.

– É que dei folga ao meu motorista e gostaria que o senhor dirigisse para mim. Vou até um bairro aqui perto do centro da cidade.

– Posso, sim.

– *Tudo está indo muito bem até agora, Amália – diz Célio. – Se Deus permitir, teremos êxito.*

– *Tenho certeza disso. Vamos acompanhá-los.*

XXV

– Você não devia ter feito isso, Selma: trazer uma criança para cá.

– Eu sei que deveria ter falado com vocês primeiro, Dália, mas o menino...fiquei com muita pena.

– Já pensou se cada vez que sair à rua sentir pena de uma criança? Esta casa vai se transformar numa verdadeira creche.

– Por favor. É um bom menino e veja como tem fome – diz Selma apontando Rodrigo que, nesse momento, está na cozinha comendo um prato de feijão com arroz.

– Decididamente não podemos aceitá-lo aqui, Selma. Além do mais, amanhã ou depois, alguém poderá até nos processar por seqüestro. A polícia, o Juizado de Menores, sei lá. Além do mais, o que ganhamos, mal dá para nos sustentar.

– Você disse que onde come um...

– Isso foi com você, Selma. Veja a nossa situação: já

praticamente adotamos você e o seu filho que ainda vai nascer e agora você traz mais uma criança. Infelizmente, Selma, terá que levá-lo daqui.

– Rosa... – choraminga a moça – ... diga para ela.

– Também sou contra essa sua idéia, Selma. E não me leve a mal, mas acho até que você abusou um pouco de nossa hospitalidade.

– Também penso da mesma maneira – concorda Mônica – E veja bem que não estamos reclamando de sua presença nesta casa. Afinal de contas, fomos nós quem a convidamos para vir morar aqui e poderá ficar o tempo que quiser. Inclusive, se um dia viermos a nos mudar, você poderá ir conosco. Agora, quanto ao menino, pelo amor de Deus, Selma.

– Oh, meu Deus – diz Selma, chorando - o que vou fazer? Não posso levá-lo de volta. Já lhe dei tantas esperanças...

– Não se preocupe comigo, Selma – diz o garoto que acabara de comer e ouvira toda a conversa – Vou-me embora. Não quero que se complique com as suas amigas.

– Mas...

– Muito bem, garoto – diz Lia – Você já comeu, já bebeu, agora dê o fora. Vamos.

– Espere, Rodrigo. Vou com você – diz Selma – Oh, meu Deus, já é a terceira vez que tenho que abandonar o lugar onde estou morando.

– Você não precisa ir, Selma. Já lhe disse isso.

– Mas eu preciso. Rodrigo não poderá ficar sozinho. Preciso protegê-lo.

Selma sente enorme e inusitada afeição pelo garoto, parecendo conhecê-lo de há muito tempo. As moças estranham e, ao mesmo tempo, emocionam-se com essa sua atitude, mas estão firmes em não aceitar o menino, assim como não aceitam a idéia de Selma trazê-lo, sem lhes consultar primeiro. Lia é a que mais sofre com isso, pois já se imaginava cuidando do bebê que iria nascer naquela casa.

– Faça como quiser, Selma – conclui Dália, bastante séria.

– Vou apanhar minhas coisas.

– E para onde você vai? – pergunta Verê.

– Não sei. Talvez voltar para a vila e procurar dona Cleusa. Vou pedir-lhe ajuda para mim e para o garoto.

– Que Deus a acompanhe, Selma – diz Rosa – E, se porventura, quiser voltar para morar conosco, as portas estarão abertas para você, desde que venha sozinha. Pense bem nisso.

– Obrigada por tudo o que me fizeram. Talvez um dia eu lhes possa retribuir. Até um dia. Vamos, Rodrigo.

Dizendo isso, os dois saem da casa e ganham a rua, agora mais movimentada ainda.

– Para onde vamos, Selma? – pergunta o garoto.

– Vamos para uma vila onde tentaremos encontrar ajuda. Deus nos ajudará e tenho certeza de que encontraremos alguém que irá nos amparar.

– Você está grávida, Selma?

– Sim, Rodrigo. Estou grávida.

– E dá para sentir o bebê se mexendo?

– Ainda não.

– Quando ele se mexer, você me deixa tocar em sua barriga?

– Certamente que sim.

– Obrigado, mamãe – agradece Rodrigo, fazendo uma tentativa de chamá-la assim, para ver sua reação.

– Mamãe? Você me chamou de mamãe?

– Chamei, sim. De agora em diante, você será minha mãe.

– Que bom. Gostei.

– Você não almoçou?

– Não se preocupe. Logo, logo, se Deus nos ajudar, comeremos alguma coisa. Ainda tenho algum dinheiro.

– Sabe de uma coisa?

– O quê?

– A gente não deve mesmo roubar. Eu já tinha aprendido isso em meu livro, mas às vezes, a fome é mais forte. Mas penso que não vale a pena e só pode prejudicar os outros.

– Nisso você tem razão, mas por que me diz isso agora?

– É que se eu não a tivesse roubado esta manhã, você não teria me conhecido e a esta hora poderia estar em sua casa. Por causa desse meu erro, agora você está aqui, sem teto.

– Já lhe disse que tem razão quando diz que não devemos roubar, mas não pense que seria o melhor para mim o fato de não estar nesta situação sem ter, ainda, uma casa para morar e um pouco de alimento, apesar de nem saber o que fazer para ganhar algum dinheiro. Já está muito difícil arrumar um trabalho, quanto mais para mim que estou grávida. Ninguém emprega mulher grávida.

– Isso é verdade, mas veja ali embaixo: quanta gente na rua. O que será que está acontecendo?

Nesse momento, uma mulher passa com uma sacola nas mãos e os dois percebem que todas aquelas pessoas que se aglomeram na rua, logo mais abaixo, estão carregando uma sacola como aquela.

– Por favor, minha senhora – pergunta Selma à mulher – O que está acontecendo lá embaixo?

– Estão dando uma sacola de alimentos aos pobres.

– Qualquer pessoa recebe alimentos de graça? É só pedir?

– Não. É preciso inscrever-se. Dar o nome para eles. Depois, no dia seguinte, uma equipe irá até sua casa para confirmar se o que você está dizendo é verdade. Vão verificar se você necessita, realmente.

– Entendo...

– Vamos lá pedir, Selma?

– Bem que poderíamos ganhar alguma coisa também. Assim, não chegaríamos na casa de dona Cleusa sem nada nas mãos.

– Veja. É um Centro Espírita. Centro Espírita Luz Eterna. É o que está escrito naquela tabuleta.

Trata-se de uma construção em alvenaria, muito simples, cercada por altos muros. Um portão dá acesso a um pátio com diversas árvores sob as quais toscos bancos de madeira acolhem várias pessoas no abrigo da sombra. Uma senhora de nome Paulina com mais alguns ajudantes, todos voluntários, distribuem sacolas de alimento. Selma vê que todos apresentam uma ficha na qual um dos trabalhadores anota alguma coisa e assina.

– Penso que não iremos ganhar nada, Rodrigo. Não temos ficha e conforme a explicação daquela senhora, é necessário que se faça uma inscrição.

– Também acho.

De repente, Selma avista alguém no meio daquelas pessoas e exclama:

– Mas que coincidência! É dona Cleusa! Ela está apanhando uma sacola.

– Onde, Selma?

– Ali, vestida de azul. Vamos até lá. Dona Cleusa! Dona Cleusa! – chama, aproximando-se da mulher.

– Selma! O que está fazendo aqui?

A moça conta-lhe então, resumidamente, o que lhe está acontecendo, inclusive que tinha a intenção de procurá-la.

– Infelizmente, Selma, não sei como poderei auxiliá-la. Meu irmão do norte veio para cá à minha procura e ele, sua esposa e mais sete crianças estão morando lá comigo. Você não pode imaginar o que estamos passando. Não há comida suficiente para todos e muito menos lugar para dormir. Três das crianças estão dormindo naquele pequeno banheiro. Um caos. Esse meu irmão e sua esposa resolveram vir para a cidade grande em busca de emprego. Se pudesse, eu a acolheria de muito bom gosto, mas por que não volta para sua casa?

– Ainda tenho medo, dona Cleusa. Na verdade, a minha idéia era a de que Rodrigo morasse com a senhora e eu...sabe...nem eu mesmo sei o que fazer...

– Pobre Selma. Tudo por culpa daquele bandido do Edson.

– Não fale assim, dona Cleusa. Eu já o perdoei.

– Você é muito boa. Não deveria ter saído da casa daquele homem só porque a filha dele não concordou com a idéia. Quem tinha que resolver era ele e não ela.

– Não quis ser motivo de discórdia.

– E o que pretende fazer agora?

– Não tenho a mínima idéia.

– Selma, por favor – pede o menino – volte para a casa daquelas moças. Eu estou acostumado a viver na rua. Você não precisa sacrificar-se por mim e quando quiser me ver, marcaremos um local para isso.

– Nem pensar, Rodrigo. Nem pensar. Quero que permaneça comigo. Nós vamos encontrar uma solução.

– Por que não fala com seu Cláudio? - sugere Cleusa.

– Seu Cláudio? Quem é?

– É o presidente deste Centro Espírita. Ele é muito bom. Quem sabe não a ajuda?

– Não sei...

– Não custa nada, Selma.

– E ele está aí?

– Ainda não chegou. Aguarde um pouco. Fale com aquela mulher lá, dona Paulina. Ela lhe informará.

– Está bem. Vou tentar.

– Que Deus te abençoe, minha filha e ao menino. Oh, sim, e ao bebê também. Como está se sentindo?

– Agora estou melhor. Senti muito enjôo no começo da gravidez.

– Bem, até qualquer dia, Selma.

– Até qualquer dia, dona Cleusa.

– Venha, Rodrigo, vamos falar com essa mulher, dona Paulina.

* * *

– É aqui, Adauto – indica Helena, apontando para uma construção cercada de muros.

– Um Centro Espírita, dona Helena?

– Sim. Agora professo essa religião, Adauto, e tenho um trabalho a fazer em benefício de muita gente.

– Sempre soube que os Espíritas primam pela caridade, pelo amor ao próximo.

– É isso mesmo. Pode parar aqui mesmo, Adauto. E, por favor, venha comigo. Preciso conversar com o dirigente desta instituição e gostaria que você visse o trabalho assistencial que eles promovem. Veja quanta gente saindo com uma cesta de alimentos que eles doam.

– Estou vendo.

Helena e Adauto entram no pátio da Instituição.

No mesmo instante...

– Veja que carro grande, Selma – diz Rodrigo, já do lado de fora do Centro Espírita.

– É muito bonito.

– Parece carro de madame, Selma.

– Deve ser, sim. Dona Helena, para quem eu trabalhei, tinha um carro destes.

Selma e o menino haviam acabado de conversar com dona Paulina e esta, muito caridosamente convidara-os a voltarem mais à noitinha a fim de receberem uma alimentação e poderem conversar com mais calma, pois naquele momento encontrava-se bastante atarefada com os afazeres da tarde.

– Aonde vamos, Selma?

– Vamos andar um pouco, Rodrigo. Depois voltamos.

– E à noite iremos para sua casa?

– Talvez seja a nossa única saída. Se dona Paulina nos der um pouco de alimento, poderemos nos manter por alguns dias até que eu encontre uma solução ou quem sabe, um emprego.

– Se você me ajudar, posso tentar pegar uma caixa de engraxate. Vou ganhar muito dinheiro engraxando sapatos, Selma. Você vai ver. Sou muito esperto.

Selma se comove com o garoto que, tão pequeno

ainda, já passou por tantas dificuldades. Olha novamente em seus olhos e sente um grande carinho por ele.

– Tenho certeza disso, Rodrigo. Tenho certeza.

Mais uma hora se passa e Helena, acompanhada de Adauto, saem do Centro Espírita.

– Bonito trabalho, não, Adauto?

– Sim e percebi que a senhora também vai desenvolver uma atividade bastante importante.

– Quero tentar e, se Deus me ajudar, vou conseguir.

Adauto, então, abre a porta do carro para a mulher e toma assento à direção.

– Podemos ir – diz Helena.

O carro põe-se em movimento afastando-se dali. Pelas ruas adjacentes, muitas pessoas ainda caminham carregando as sacolas de mantimentos.

– Veja, Adauto, quanto bem está sendo feito. Essas mulheres realmente necessitam desse auxílio. Você é capaz de imaginar o que se passa pelo coração de cada uma delas? O quanto estão agradecidas? Quanta alegria em saber que seus pobres filhinhos serão alimentados?

– Sinto vontade de chorar só em pensar – diz o homem, bastante emocionado, principalmente pelo que viu naquele Centro Espírita. De repente, algo chama-lhe a atenção: – Veja, dona Helena, aquela mulher com o seu filho, ali mais à frente. Parece que ela está passando mal. Está sentada no passeio.

– Pare lá, vamos ver o que podemos fazer.

– O garoto está pedindo socorro aos carros e ninguém se importa.

– Pare logo ali, Adauto.

O homem pára o automóvel a alguns metros de distância e ambos descem rapidamente.

– Meu Deus! – grita Adauto, não acreditando no que vê – É Selma!

– É Selma, sim! - concorda Helena - Deus colocou-nos em seu caminho – diz a mulher, visivelmente emocionada.

– Selma!

– Ela está passando mal! – diz o garoto – Ela está grávida.

– Nós sabemos – diz Adauto. – Selma!

– Vamos levá-la.

– Para minha casa - pede Adauto.

– O menino vem junto – pede a moça, ainda atordoada pela vertigem que sentira.

XXVI

– Graças a Deus, Célio – diz Amália ao marido, alguns dias depois.

– Sim. Graças a Deus, tudo agora parece estar em seu devido lugar nos planos traçados para a evolução de todos esses Espíritos, tão ligados pelo passado.

– Adauto voltou a tomar conta de Selma e, talvez, quem sabe, ela venha a casar-se com ele, não é?

– Eu acredito que sim. Na verdade, pelo que sabemos, Selma, quando Solange, amava o tenente Amaro, hoje Adauto.

– Como Deus é caridoso, Célio. Veja o nosso filho Osório. Será criado e muito amado por Solange e Amaro que, obviamente, lhe dará o seu nome. E o ódio certamente desaparecerá. Também Rodrigues, morto por Amaro, em legítima defesa e que tanto ódio carregou no coração, hoje, Rodrigo, já sente uma grande admiração por ele.

– Sim. Rodrigo já aprendeu a admirá-lo pelo que está

fazendo por Selma, por quem já percebeu sentir um grande carinho. Fora seu pai, não é?

– *Sim.*

– *E tudo com o grande auxílio espiritual de Idalina, Espírito muito iluminado que de um plano mais elevado vela por todos nós. Precisamos, também, auxiliar o Edson, desencarnado ontem num tiroteio.*

– *É verdade. Pena ele ter falhado dessa maneira, pois havia se comprometido a auxiliar Selma e Osório. Quando nós o resgatamos, como Selênio, naquela situação de grande sofrimento, condenado por seu chefe por causa de uma falha sua, tornou-se muito grato a nós e como tinha tomado parte no sofrimento de Solange e sua mãe, prontificou-se a auxiliá-la e a Osório, bem como a Adauto, porém, ao invés disso, enganou-a.*

– *Adauto era para ser o pai de Osório. Tanto que até reencarnou na mesma vila.*

– *Mas a Providência Divina sempre nos oferece oportunidades para que uma missão não seja totalmente comprometida. Adauto, tenho certeza, será um pai muito dedicado a Osório.*

– *Com muito amor e dedicação, Amália, tudo vai se encaixando.*

– *E até Hortência, a do prostíbulo, hoje, Helena, quer tirar as moças da rua, dando-lhes emprego.*

– *E onde estará ela, agora? – pergunta Célio.*

– *Poderemos ir vê-la.*

* * *

– Quem é a senhora? – pergunta Dália, juntamente com as outras moças, naquele momento em casa.

– Meu nome é Helena e venho da parte de Selma.

– Selma?! – perguntam todas, ansiosas para saberem notícias, haja vista terem se arrependido do que fizeram à moça, praticamente expulsa dali com o garoto – Onde está ela?! Está bem?!

– Oh, sim. Ela está muito bem. Mas vamos ao que realmente nos interessa. Vim até aqui a pedido de Selma e gostaria de lhes fazer uma proposta.

– Uma proposta? Que proposta?

– Uma proposta de mudanças. Uma proposta em nome de Jesus.

* * *

– *Realmente, Amália – diz Célio – essa fábrica de tapetes de Helena, que irá proporcionar emprego a tantas mulheres necessitadas, faz-me lembrar aquela outra lição do irmão Anísio que diz que cada um de nós, um simples fio, somente se completará com o concurso de outros tantos, entrelaçados na grande tapeçaria do Universo. Na verdade, no grande tapete criado por Deus, somos, todos, "os fios do tear".*

Obras do mesmo autor:

DO OUTRO LADO

Esta é a estória de dois adolescentes onde um deles, Moacir, cego de nascença, quando liberto do corpo físico durante o sono, consegue visualizar e tomar contato com o plano espiritual. O outro, Beto, concentrando-se, possui a faculdade de ler o pensamento do amigo e, juntos, procuram auxiliar Silva, pai de Moacir, constantemente perseguido por Espíritos inimigos, a ele ligados pelo passado. Emoção e conhecimento da Doutrina Espírita são uma constante neste envolvente romance.

BAIRRO DOS ESTRANHOS

Emocionante estória do operário Atílio que, além de perder a esposa num desastre de ônibus, vê-se desempregado, passando a viver como andarilho pelas ruas da grande cidade, juntamente com a filhinha de apenas três anos.

Encontra, então, na pessoa de Sebastião, velho caminhante, o único apoio fraterno, culminando com a sua chegada até um "estranho" bairro, onde edificantes ensinamentos lhe são descortinados. Paralelamente, a personagem Clotilde, a desmemoriada, percorre as páginas desta marcante obra que reserva ao leitor, um surpreendente e inusitado final.

ALA DEZOITO

Este movimentado romance revela o drama do bem sucedido advogado Roberto, às voltas com incompreendida mediunidade que o faz ter terríveis visões. Presencia um ato suicida e sua vidência leva-o a se envolver com um caso policial de graves conseqüências. Essas visões que caracterizam uma aguda e atroz perseguição de entidades do mal, são interpretadas como alucinações e o levam a uma internação hospitalar. Na ala dezoito dessa clínica psiquiátrica, Roberto é considerado esquizofrênico e recebe tratamento intensivo, mas a chave de seu problema somente será encontrada no conhecimento da Doutrina Espírita.

O SENHOR DAS TERRAS

Num estilo quase cinematográfico, o autor relata a vida do empresário Alfredo que, descobrindo possuir uma doença fatal, parte em busca de algum "milagre" que possa curá-lo, terminando por encontrar, através do médium Cláudio, as verdades da vida na Doutrina dos Espíritos.

Em capítulos curtos, duas épocas se alternam: a atual, na busca da cura e da verdade e a Idade Média, na perseguição de um Senhor das Terras contra o curandeiro local, de formação sacerdotal druida, pela posse de um Colar Sagrado e pelo segredo da Muscária, um cogumelo cujo chá, acreditava-se, traria estranhos poderes a quem dele bebesse.

Ritmo, ação e ensinamentos da Doutrina Espírita, em linguagem bastante clara e acessível, são a tônica constante deste palpitante romance.

A CASA DAS CHAVES

No mesmo estilo inconfundível e cativante de seus romances, o conhecido e consagrado autor nos brinda, desta feita, com vinte e cinco contos que versam sobre os mais importante temas de nossa vida onde lições de otimismo, paciência, perseverança, perdão e amor ao próximo, são a tônica constante desses escritos.

Cada estória certamente abrirá no coração do leitor, uma nova porta para o conhecimento de como a Doutrina Espírita analisa variados assuntos que atualmente mais preocupam o homem, no seu dia-a-dia.

O CAMAFEU

Fernando é o personagem principal cujo amor por uma jovem desconhecida vem demonstrar que os mesmos sentimentos podem nos acompanhar por diversas encarnações, como também é o caso de Torquato, Espírito ainda mentalmente ligado ao remoto século XVIII e que possessivamente persegue sua amada, nos desmandos de uma doentia paixão não correspondida.

A se desdobrar nos dois planos, material e espiritual, proporcionando ao leitor rica visualização da titânica luta entre o bem e o mal, bem como palpitantes cenas da vida no Mais Além, este romance certamente virá elucidar as mais diversas temáticas do intercâmbio espírito-matéria.

E um camafeu, peça chave de toda trama, carrega consigo, a peso de ouro e preciosas pedras, os demais personagens desta comovente estória de amor e cobiça, cujas causas e efeitos somente a Doutrina Espírita consegue explicar.

AS LUZES DE SANTELMO

Santelmo é uma pequena cidade do interior, assim denominada no século passado por causa de um fenômeno ocorrido durante uma tempestade nas altas árvores de suas matas – o fogo-de-santelmo.

É em Santelmo que o autor movimenta seus personagens, proporcionando, como sempre, nos entremios de envolvente e emocionante estória, elucidativos ensinamentos da Doutrina Espírita, destacando-se, desta feita, os mais variados fenômenos de efeitos físicos, no intercâmbio espírito-matéria.

E o circo-teatro, a desconhecida caverna, a mata que sussurra, o Espírito do retrato, a rosa que levita e um passado muito vivo na mente de entidades espirituais ainda ligadas a esse local, doscortinam as telas deste eletrizante romance onde o leitor certamente sentir-se-á transportado, envolvido e identificado com as tramas dos marcantes moradores dessa cidade.

Por isso, caro leitor, seja novamente bem-vindo a este mundo de letras escritas com o coração e a vontade de servir à grande causa do espiritismo.

Bem-vindo a Santelmo.

PEDIDOS

Fone: (0xx19) 541-0077

Fax: (0xx19) 541-0966

E-mail: info@ide.org.br

CONSULTE NOSSA PÁGINA E LIVRARIA

http://www.ide.org.br

Composto e Impresso pelo INSTITUTO DE DIFUSÃO ESPÍRITA
Av. Otto Barreto, 1067 - 13600-970 - Araras - Estado de São Paulo
C.G.C. 44.220.101/0001-43 — Inscrição Estadual 182.010.405.118